Joachim Bauer

Lob der
SCHULE

Sieben Perspektiven für Schüler,
Lehrer und Eltern

WILHELM HEYNE VERLAG
MÜNCHEN

FSC
www.fsc.org
MIX
Papier aus ver-
antwortungsvollen
Quellen
FSC® C014496

Verlagsgruppe Random House FSC-DEU-0100
Das für dieses Buch verwendete
FSC®-zertifizierte Papier *Holmen Book Cream*
liefert Holmen Paper, Hallstavik, Schweden.

5. Auflage
Aktualisierte Taschenbucherstausgabe 11/2008
Copyright © 2007 by Hoffmann und Campe Verlag GmbH, Hamburg
Der Wilhelm Heyne Verlag, München, ist ein Verlag
der Verlagsgruppe Random House GmbH
www.heyne.de
Printed in Germany 2012
Umschlaggestaltung: Hauptmann und Kompanie Werbeagentur,
München - Zürich
Umschlagillustrationen: Getty Images
Satz: Dörlemann Satz, Lemförde
Druck und Bindung: GGP Media GmbH, Pößneck

ISBN 978-3-453-60083-6

Inhalt

Vorwort zur Taschenbuchausgabe

Dieses Buch hat eine ganz eigene Botschaft. Auch wenn die Wahl des Titels an Bernhard Buebs *Lob der Disziplin* erinnert, wurde es nicht als Antwort auf ein anderes Werk geschrieben. Warum interessiert sich ein Arzt für die Schule? Untersuchungen zeigen, dass es derzeit sowohl um die Schüler- als auch um die Lehrergesundheit schlecht bestellt ist. Ein anderer Grund dafür, dass ich mich als Mediziner dem Thema Schule zugewandt habe, ist die Tatsache, dass vielen Kindern und Jugendlichen heute Motivation fehlt. Dies ist ein Phänomen, über das die moderne Neurobiologie Eltern, Lehrern und Schulpolitikern wichtige Erkenntnisse vermitteln kann. Davon handelt dieses Buch.

Von der manchmal durchklingenden Anmaßung, die Neurobiologie sei in der Lage, die Pädagogik neu zu erfinden, halte ich wenig. Was die moderne Neurobiologie allerdings durchaus zu leisten vermag, ist das Hinzufügen wichtiger Mosaiksteine zum Gesamtmosaik guter Pädagogik. So wissen wir jetzt, welche neurobiologischen Gründe dafür verantwortlich sind, dass Kinder ohne die Erfahrung verbindlicher persönlicher Beziehungen keine Motivation entwickeln können. Ebenso konnte die Entdeckung des Systems der Spiegelnervenzellen jetzt eindrucksvoll bestätigen, was der amerikanische Psychologe Albert Bandura schon vor Jahren erkannte: Kinder lernen vor allem am Modell, sie orientieren sich also an dem, was sie um sich herum sehen.

Mein Buch setzt die Schwerpunkte anders als der von mir persönlich geschätzte Bernhard Bueb. Ich bezweifle, dass wir mit einem »Lob der Disziplin« auf dem richtigen Weg für unsere Schulen sind. Zum kleinen Einmaleins der Philosophie gehört die Unterscheidung zwischen den sogenannten Kardinaltugenden, die um ihrer selbst willen gut sind, und den dienenden Tugenden, die nur dann taugen, wenn sie im Dienste einer Kardinaltugend stehen. Im Mittelpunkt der Erziehung sollten die Kardinaltugenden stehen, wie sie der griechische Philosoph Plato gelehrt hat: Mut, Weisheit (Wissen), Mäßigung und Gerechtigkeit. Eine Pädagogik, die nur die Einforderung dienender Tugenden (Disziplin, Ordnung, Sauberkeit u. a.) in den Mittelpunkt stellt, wiederholt die Fehler der Vergangenheit. Auch die neuerdings verkündete »Pflicht zu führen« erinnert an die Einseitigkeit früherer Zeiten. Erziehung ist mehr als Führung. Eine gute Pädagogik erfordert, wie ich es in diesem Buch ausgedrückt habe, »eine Balance zwischen verstehender Zuwendung und Führung«. Was Kindern heute fehlt, ist beides.

Freiburg, im Herbst 2008   *Joachim Bauer*

1 Schüler verstehen – eine »Neurobiologie der Schule«

Ein »Lob des Regens« hat noch keine Wüste in fruchtbares Land verwandelt. Ebenso wenig wird ein »Lob der Disziplin«, wie es manche derzeit gern singen, zu mehr Disziplin und Lernkultur an unseren Schulen führen. Dieses Buch, das – trotz der beschränkten Effekte von Lobgesängen – den Titel »Lob der Schule« trägt, ist keine Bekenntnisschrift, sondern ein Sachbuch. In der Schule geht es um Köpfe, um Geist, Kreativität, Motivation und um ein kooperatives Miteinander, und das heißt: um dynamische Phänomene, die allesamt eine neurobiologische Grundlage haben. Gibt es eine »Neurobiologie der Schule«?

Mein Buch will allen, die die Schule zu einer lebendigen und menschlichen Bildungsstätte machen wollen, etwa das geben, was ein Buch über Brunnenbau und Bewässerung für diejenigen wäre, die es sich zum Ziel gesetzt haben, ein von Austrocknung bedrohtes Stück Land fruchtbar zu erhalten. Selbstverständlich erfordern die Abläufe in der Schule ein Mindestmaß an Disziplin, jenem Desiderat, dem der langjährige Leiter der »Schule Schloss Salem«, Bernhard Bueb, 2006 ein ganzes Buch gewidmet hat.[1] Wer es aber einfach dabei belässt, von Kindern mehr »Respekt« und für Eltern und Pädagogen mehr »Autorität« zu fordern, ohne zu sagen, auf welchen Voraussetzungen Respekt und Autorität gründen, macht es sich zu leicht.[2] Aus den Verhältnissen einer Schule für Jugendliche aus überwiegend privilegierten Elternhäusern, einer Schule, an der Schülerinnen und Schüler von früh bis spät intensive Erziehungs- und Bildungsangebote wahrnehmen dürfen bzw. müssen[3], lassen sich keine allgemein gültigen Lehren für das öffentliche Bildungssystem ziehen, das uns heute Sorgen macht.

Dieses Buch soll Schülern, Eltern, Lehrern, aber auch anderen, die junge Menschen und das System Schule fördern wollen, lebensnahe Hinweise geben, wie der Nährboden aussehen muss, auf dem Liebe zum Leben, Motivation und die Lust am Lernen wachsen können. Wer ein Haus bauen will, dem ist nicht damit gedient, dass ihm Dutzende von Leuten Hunderte von Möglichkeiten ausmalen, wie schön sich so ein Haus einrichten ließe, wenn ihm kein Ingenieur oder Architekt zur Seite steht, der weiß, mit welchen Materialien und welcher Konstruktion sich ein stand- und sturmfestes Gebäude errichten lässt. Nichts anderes gilt für die »Konstruktion« eines Systems namens Schule. Es gibt zahlreiche Wege, eine gute Schule zu realisieren. Was aber in ihr wie in jeder Bildungsinsti-

---

1 Bernhard Bueb: Lob der Disziplin. Eine Streitschrift, List, Berlin 2006.

2 Der ZEIT-Journalist Reinhard Kahl bemerkte: »Wenn Bueb anfängt, Disziplin und Gehorsam zu predigen, riecht es zuweilen nach Pulverdampf und Generationenkrieg« (siehe »Erwachsen werden. Oder die Entdeckung der Erziehung«, DIE ZEIT 40/2006 vom 27. September 2006).

3 Siehe den lesenswerten Bericht des Sprechers der Kollegstufe des Internats Schloss Salem, Dustin Klinger: »Dr. Bueb ist kein Lackaffe. Ein Schüler antwortet seinem Lehrer, nachdem er zwei Jahre lang dessen Erziehung genossen hat«. Frankfurter Allgemeine Zeitung, 18. Januar 2007.

tution wirklich zählt, ist jene Kompetenz, die im Falle eines Hausbaus vom Ingenieur oder Architekten erwartet werden muss. Der Bedeutung, die dort der Statik zukommt, entspricht im System Schule 1. die Motivation zum Erwerb von Bildung, 2. der Wille zur Kooperation zwischen Lernenden, Lehrenden und Eltern und 3. die Fähigkeit von Lehrern und Schülern, im Unterricht eine Beziehung zu gestalten, die Lehren und Lernen möglich macht. Doch wer kennt sich mit diesen drei dynamischen Größen aus?

Motivation, kooperatives Verhalten und Beziehungsgestaltung sind Faktoren, die neurobiologisch verankert sind. Folglich brauchen wir – und dies ist ein neuer Ansatzpunkt – eine *»Neurobiologie der Schule«*. Welche Perspektiven sich aus ihr ergeben – für Schüler, Lehrer und Eltern, aber auch für die Schulpolitik und die Gesellschaft als Ganzes –, wird Thema dieses Buches sein. Die Neurobiologie hat weder Deutungshoheit noch einen Alleinvertretungsanspruch zu erheben. Keine Frage: Das Thema Schule erfordert die Beiträge vieler Disziplinen. Wir brauchen das Wissen von Entwicklungspsychologen, die Auskunft darüber geben können, was Kinder und Jugendliche – bezogen auf ihr jeweiliges Alter – begreifen und leisten können. Natürlich braucht die Schule auch Experten für Didaktik, die wissen, wie man Lerninhalte so präsentiert, dass sie für Schüler interessant, lebensnah und verständlich sind. Die Entwicklung des Systems Schule braucht vor allem erfahrene, souveräne Lehrkräfte, die ihre Schülerinnen und Schüler mögen und in der Lage sind, in der Manege des Klassenzimmers zu bestehen. Und natürlich benötigen wir Standards, an denen sich Schulen bundesweit orientieren können und an denen sich die Leistungen von Schülern messen lassen. Doch das alles – und manches mehr, was hier nicht erwähnt wurde – reicht nicht aus. Denn Standards gibt es seit langem (sie waren bisher nur nicht bundeseinheitlich definiert). Ebenso verfügen wir seit Jahren über ein fast lückenloses entwicklungspsychologisches Wissen. Auch an didaktischen Kenntnissen herrscht kein Mangel, Dutzende von Lehrstühlen haben sich in Deutschland darauf spezialisiert.

Und doch – trotz all dieser Bemühungen und Investitionen sind wir mit einem Phänomen konfrontiert, für das unsere Gesellschaft bereits jetzt einen hohen Preis zahlt und in Zukunft einen noch viel höheren Preis zahlen wird. Große Teile des deutschen Schulsystems stecken in einem allseits bekannten und dennoch beharrlich fortbestehenden Desaster. Dieses System entlässt Schulabgänger, die zu einem hohen Anteil weder für eine weiterführende Ausbildung tauglich noch aufs Leben vorbereitet sind. Knapp zehn Prozent der Jugendlichen eines Jahrgangs verlassen die Schule alljährlich ohne jeglichen Abschluss. Bei diesen jungen Leuten – aber auch bei vielen *mit* Schulabschluss – sind die zehn oder mehr Jahre ihrer Schulzeit abgetropft wie Wasser an einer Teflonschicht. Wir lassen heute einen Teil unserer Jugendlichen – vor allem jene aus der nicht privilegierten, nicht bildungsbürgerlichen Mehrheit der Bevölkerung – in einer Situation heranwachsen, in der kaum jemand Interesse an ihrer schulischen und persönlichen Entwicklung zeigt und in der sie zunehmend – dies gilt insbesondere für männliche Heranwachsende – in eine Stimmung von Aussichtslosigkeit, Zynismus, Verachtung und Gewalt geraten. Viele Schulversager wären in der Lage, an der Spielekonsole eines

Computers jeden PISA-Test mit Bravour zu bestehen, vorausgesetzt, es gäbe einen PISA-Test für Killerspiele. Kurz, ein Großteil eines jeden Jahrgangs nimmt aus der Schule nichts von dem mit, was einen Menschen fit fürs Leben macht: Selbstvertrauen und Motivation, fachliches Basiswissen sowie soziale und emotionale Kompetenz.

Ein Kind ist kein Aktenordner

Die Akteure der Schulbürokratie tun, was Bürokraten gerne machen: Sie greifen zu bürokratischen Maßnahmen. Konkret: Sie versuchen das Problem mit Standards und Kontrollen zu lösen.[4] Nichts gegen Standards, aber sie werden die Misere nicht beheben. Lehren und Lernen scheitern nicht daran, dass die Lehrkräfte unserer Schulen bisher nicht gewusst hätten, zu welchem Zeitpunkt Schüler welche Wissensinhalte beherrschen sollten. Schulen scheitern daran, dass es Lehrern und Schülern über weite Strecken nicht mehr gelingt, eine Unterrichtssituation herzustellen, die erfolgreiches Leh-

---

4 In den USA haben sich Leistungen in »schwachen« Schulen trotz »flächendeckender Leistungstests sowie Sanktionen gegen erfolglose Schulen« nicht verbessert, weil es zwar »eine Inflation von Tests«, aber keine »konkreten Hilfen für Problemschulen« gibt (siehe Tanjev Schultz: »Großes Gefälle. US-Schulsystem ohne Besserung«, *Süddeutsche Zeitung* vom 4. November 2006). Es ist beängstigend, zu sehen, wie sich um die Schulen herum ein immer größerer, immer teurerer Apparat von Verwaltungsleuten und Statistikern etabliert und für sich in Anspruch nimmt, der Schule zu dienen, während Lehrerinnen und Lehrer sich nach wie vor in zu großen Klassen und einem unzureichend ausgestatteten Schulsystem abmühen. In Baden-Württemberg sollen zum Beispiel demnächst etwa 280 Lehrkräfte für die externe Kontrolle aus den Schulen abgezogen werden (*Badische Zeitung*, 14. Dezember 2006), während es zugleich an Ganztagsschulen fehlt und weiterhin in zu großen Klassen unterrichtet wird. Zur Frage einer Qualitätssicherung, die *in den Schulen selbst* implantiert ist, siehe Kapitel 6.

ren und Lernen überhaupt erst ermöglicht. Sie scheitern daran, dass sie infolgedessen – von *allen*, die ins Schulgeschehen involviert sind – als Orte des Grauens erlebt werden, denen man, kaum hat man sie morgens gezwungenermaßen betreten, so schnell es geht wieder entkommen möchte. Die Schule scheitert an der Unfähigkeit der Beteiligten, die wichtigste Voraussetzung für gelingende Bildung zu schaffen: konstruktive, das Lernen befördernde Beziehungen. Keine Frage: Die Schulen selbst müssen hier einen wichtigen Beitrag leisten, ein Auftrag und Anspruch, dem sie momentan nicht gerecht werden. Von ebenso großer Bedeutung für das Gelingen oder Misslingen schulischer Arbeit aber sind Faktoren und Akteure, die *von außen* auf sie einwirken. »Außen« ist dort, wo Kinder und Jugendliche heute leben, es ist ein Land, in dem wir alle leben.

Was ist das für ein Lebensraum, in dem, so repräsentative, von Ärzten durchgeführte Studien, über fünfzig Prozent aller schulpflichtigen Kinder und Jugendlichen chronische gesundheitliche Beschwerden haben[5], in dem über fünfzehn Prozent aller Schüler von »harten« psychiatrischen Störungen betroffen sind[6] und die Gewalt zunimmt, sowohl jene, von der Jugendliche betroffen sind, als auch jene, die von Jugendlichen ausgeht?[7] Wie sollen Lehrkräfte erfolgreich Klassen von meist weit über fünfundzwanzig, vielfach sogar über dreißig Schülern unter-

---

5 Gesundheitsamt Stuttgart (Dr. Birgit Schmidt-Lachenmann und Kollegen): Jugendgesundheitsstudie, Stuttgart 2000.

6 Ziegert, B., und Kollegen, *Deutsches Ärzteblatt* 99: A1436–A1441, 2002.

7 Siehe Christa Beckmann, Regina Köhler: »Berliner Grundschulen melden immer mehr Gewaltdelikte«, *Die Welt*, 14. Dezember 2006. Helmut Hochschild: Interview. *Der Spiegel* 49/2006. Regina Mönch: »Die Terroristen. Kapitulieren wir vor kriminellen Kindern?«, *Frankfurter Allgemeine Zeitung*, 16. Dezember 2006.

richten, wenn über die Hälfte der Kinder nicht einmal gesundheitlich fit ist? Welche Prioritäten hat sich ein Land gesetzt, in dem Spitzenpolitiker Familienpolitik – also die Beschäftigung mit jenem Gefüge, in dem Kinder heranwachsen – zum Beispiel als »Gedöns«, also als bedeutungsloses Getue, bezeichnet haben?[8] Was sind die Schwerpunkte in der Orientierung eines Landes, in dessen Schulen bereits in der Primar- und Sekundarstufe ein Großteil der Kinder zum Unterricht erscheint, ohne gefrühstückt zu haben? Wie kommt es, dass die Möglichkeit, abends und am Wochenende schick einzukaufen, einer Gesellschaft mehr bedeutet als die Situation von Zehntausenden von Kindern und Jugendlichen, deren alleinerziehende Mütter im Verkauf oder an der Kasse erwerbstätig sind? Gemessen an dem tatsächlichen Nachholbedarf, den unsere Schulen baulich, hinsichtlich ihrer Ausstattung und personell haben, sind die vier Milliarden Euro, welche die derzeitige Bundesregierung für die Förderung von Ganztagsschulen bereitstellt, nicht mehr als ein Almosen.[9]

Was aber soll das alles mit Neurobiologie zu tun haben? Die Antwort lautet: Ein Kind ist kein Aktenordner, in den man Blatt für Blatt Wissensinhalte einheften kann, sondern ein Lebewesen, dessen Erleben und Verhalten neurobiologischen Grundregeln unterworfen ist. Dieses

---

8   Der letzte Mikrozensus wies – so *Der Spiegel* im Dezember 2006 – in Deutschland 12,6 Millionen Familien mit Vater, Mutter und meistens einem Kind aus. Bundeskanzler Gerhard Schröder bezeichnete 1998 die damalige Familienministerin Christine Bergmann als »Fachfrau für Familie und das ganze andere Gedöns«. Schröder hat in seinen über fünfhundert Seiten umfassenden Memoiren (»Entscheidungen«, Hoffmann und Campe, Hamburg 2006) Fragen der Bildung erst ganz am Ende seines Werks exakt eine (!) Seite gewidmet, wobei sich in den wenigen Zeilen nichts als allgemeine Bemerkungen dahin gehend finden, dass Bildung wichtig sei.

9   Siehe dazu Christoph Keese, Chefredakteur der *Welt am Sonntag*: »Zu wenig Geld für Kinder«, *WamS*, 12. November 2006.

Buch soll die Zusammenhänge zwischen Lebenssituationen und zwischenmenschlichen Erfahrungen einerseits und andererseits die durch sie beeinflussten neurobiologischen Abläufe, die der Motivation und Leistungsbereitschaft eines Kindes zugrunde liegen, beleuchten und einige Konsequenzen vor Augen führen, die sich daraus ergeben. Was außerhalb der Schule, insbesondere auch von Schulpolitikern immer wieder gern vergessen wird: Kinder im Bildungsprozess voranzubringen ist – sosehr das, was Politiker und Verwaltungsleute tun, Wertschätzung verdient – etwas anderes als das Entwerfen, Niederschreiben und Einheften von Protokollen und Erlassen. *Alles schulische Lehren und Lernen ist eingebettet in ein interaktives und dialogisches Beziehungsgeschehen.*

Anders als noch vor etwa zwanzig Jahren ist die Situation in vielen Klassenzimmern heute nicht mehr »formatiert«, das heißt, sie ist nicht mehr so, dass Lehrkräfte eine kooperative Atmosphäre vorfinden, in der das Lehrangebot eine hinreichend interessierte Aufnahme findet (ausgenommen einige wenige Schulen wie zum Beispiel Salem[10]). Schüler waren zu allen Zeiten lebendige, aufmüpfige und widerspruchsfreudige Wesen, welche die Welt, in die sie hineinwachsen, mit ihrem Verhalten hinterfragen und herausfordern, und es ist zu hoffen, dass Kinder und Jugendliche diese untrüglichen Zeichen von Vitalität auch in Zukunft nie verlieren werden. Doch es hat sich etwas verändert. Bis weit in die achtziger Jahre hinein hatten klar und bestimmt auftretende Lehrer keine Probleme, eine vorübergehend entgleiste Unterrichts-

---

10 Siehe dazu nochmals Dustin Klinger, *Frankfurter Allgemeine Zeitung*, 18. Januar 2007.

situation wieder zu »formatieren« und damit in den Griff zu bekommen, und das gelang schlicht und einfach deshalb, weil es ein explizites Bündnis zwischen Eltern, Schule und der Gesellschaft als Ganzes gab, dem die klare Überzeugung zugrunde lag, dass Bildung lebenswichtig ist und Kinder und Jugendliche gefördert werden müssen. Vielleicht noch bedeutsamer aber war: Ein Bündnis gab es damals – wenn auch unausgesprochen oder unbewusst – auch zwischen Schülern und Schule. Schülerinnen und Schüler fühlten eine Motivation, sich nicht selbst den Ast abzusägen, auf dem sie ja schließlich nach oben klettern wollten. Daher wurden das durch die Schule vorgegebene Format und die damit verbundenen Grundregeln beachtet. In diesem Punkt hat sich aber inzwischen ein radikaler Wandel vollzogen (auf die Gründe werde ich noch eingehen): Die Unterrichtssituation ist heute vielfach *in keiner Weise* mehr formatiert. Lehrkräfte wenden den größten Teil ihrer Energie dafür auf, erst einmal eine Situation herzustellen, in der Unterricht überhaupt möglich ist. Gelingende Beziehungsgestaltung ist die zwingende Voraussetzung für den schulischen Bildungsprozess, sie ist der unabdingbare Transfusionskanal, über den Bildungsinhalte die Schüler erreichen können. Da Lehrerinnen und Lehrer an dieser Aufgabe – aus einer Reihe von Gründen, die ich noch ansprechen werde – weithin scheitern, erkranken viele von ihnen an der beruflichen Situation.

Wo zwischenmenschliche Interaktionen im Spiel sind, geht es immer auch um Neurobiologie. Der Mensch ist – und dies gilt für das Kind in ganz besonderer Weise – ein »Beziehungstier«. Alles, was Menschen in Beziehungen erleben, wird vom Gehirn in biologische Signale verwandelt, wirkt sich auf die Biologie und Leistungsfähigkeit unseres Körpers aus und beeinflusst unser Verhalten, was dann wiederum Rückwirkungen auf unsere Beziehungen hat. Das Gehirn macht aus Psychologie Biologie, und aus dem neurobiologischen Geschehen ergibt sich wiederum Psychologie, das heißt, es wirkt sich auf das Erleben und Verhalten aus. Wir wissen inzwischen nicht nur bis ins Detail hinein, wie dies vor sich geht, sondern auch, was die konkreten biologischen Folgen spezifischer zwischenmenschlicher Beziehungserfahrungen sind. Wenn wir die Probleme der Schule lösen wollen, müssen wir an diesem Punkt ansetzen. Die biologischen Folgen von Beziehungserfahrungen betreffen nicht nur das Hier und Jetzt in einer gegebenen aktuellen Situation, sie hinterlassen darüber hinaus – vor allem dann, wenn es sich um wiederholte oder um einschneidende Erlebnisse handelt – ein biologisches Skript mit Langzeitwirkung. Um diese Zusammenhänge – und ihre Bedeutung für die Arbeit in der Schule – soll es nachfolgend gehen.

Die neurobiologischen Grundlagen von Motivation und Zielstrebigkeit

Lebenslust, Motivation und die Bereitschaft, sich für ein Ziel anzustrengen, entstehen in einem Menschen nicht von selbst. Zu den fatalen Irrtümern unserer Zeit zählt die Auffassung, das Verhalten von Menschen sei im Wesentlichen bereits durch seine Gene determiniert, weshalb äußere Faktoren nur wenig ausrichten könnten. Eine andere Legende betrifft das Missverständnis vom »kompetenten Kind«: Dass Kinder bereits in einem sehr frühen Stadium in der Tat erstaunliche kognitive und emotionale Kompetenzen entwickeln, wurde und wird weithin so interpretiert, als könnten sich die beobachteten Fähigkeiten im Kind *von allein* entwickeln. Zu diesen beiden Legenden hinzu kam ein Reflex der Nach-68er-Generation, die – abgestoßen durch die autoritäre, teilweise unmenschliche Behandlung von Kindern in der Tradition der »schwarzen Pädagogik« früherer Zeiten – zu der Meinung tendierte, man tue Kindern und Jugendlichen das Beste, wenn man ihnen möglichst viel ungelenkten Freiraum lasse, was zur Folge hatte, dass sie in eine Art luftleeren Raum verwiesen und damit letztlich – ohne Schutzzone und Filter – den vielfältigen Angeboten der modernen Konsumgesellschaft überlassen wurden.

Biologische Systeme – also auch der Mensch – sind keine durch die Gene programmierten Selbstläufer, die mit Hilfe eines Autopiloten durchs Leben fahren. Gene sind Kooperatoren und Kommunikatoren, sie empfangen Signale und werden in ihrer Aktivität reguliert, und dies in jeder Minute, solange ein Organismus lebt.[11] Das Postulat eines Gegensatzes zwischen Genen und Umwelt ist von Grund auf unsinnig. Die jahrzehntealte Debatte »nature versus nurture«[12] ist eine Geisterdiskussion, die teilweise leider auch heute noch geführt wird, vorzugsweise von denen, die nichts von Genen verstehen.[13] Was

---

11 Wie Gene arbeiten, siehe Joachim Bauer: Das Gedächtnis des Körpers. Wie Beziehungen und Lebensstile unsere Gene steuern, Serie Piper, München 2004; und Joachim Bauer: Prinzip Menschlichkeit. Warum wir von Natur aus kooperieren, Hoffmann und Campe, Hamburg 2006.

12 Dabei steht »nature« für die natürlichen Anlagen (inklusive Gene), »nurture« für Umwelteinflüsse.

13 So hat Richard Dawkins, dessen Bestseller »Das egoistische Gen« eher Science-Fiction als Science ist, selbst nie an Genen geforscht. Eine ausführliche Diskussion der soziobiologischen Ideologie dieses Autors findet sich in Kapitel 5 meines Buches »Prinzip Menschlichkeit« (2006).

Gene leisten, lässt sich nur im Zusammenhang mit der Umwelt erfassen, in der sie – als Teil des Organismus – tätig sind und auf die sie reagieren. Umwelten wiederum erschließen sich in ihrer Bedeutung nur, wenn wir sie vor dem Hintergrund der biologischen und psychischen Reaktionen beschreiben und verstehen, die sie in lebenden Systemen auslösen. Nicht anders ist es mit Kindern und Jugendlichen: Wir werden Kinder nur dann verstehen und ihre Entwicklung fördern können, wenn wir sie im Kontext ihrer Lebenssituation und der biologisch und psychologisch relevanten Stimuli sehen, die sich aus dieser Situation für sie ergeben. Was aber sind die Stimuli, welche die Motivation eines Kindes und seine Bereitschaft, Ziele anzustreben, beeinflussen?[14]

Nichts kommt von allein, auch Motivation nicht. Die Entdeckung der neurobiologischen Zentren, die für Lebenswillen, Energie, Motivation und Lust an Leistung sorgen, liegt erst wenige Jahre zurück. »An ihren Früchten sollt ihr sie erkennen.«[15] Dieser Satz aus der Bibel trifft manchmal auch auf die biologische Forschung zu: Die Entdeckung der neurobiologischen Motivationssysteme gelang, indem man drei von ihnen produzierten Botenstoffen auf die Spur kam. Sie bilden gemeinsam einen biologischen »Cocktail«, der dem Körper vom Gehirn zugeführt werden kann. Dazu müssen allerdings bestimmte

14 Zu den Bedingungen, die Einfluss auf die Entwicklung des Kindes haben, gehören selbstverständlich Grundvoraussetzungen wie körperliche Unversehrtheit, gesunde Ernährung und hinreichender Schlaf. Letztere sind hier zwar nicht das eigentliche Thema, doch ergeben sich aus Überlegungen, die ich in den folgenden Kapiteln anstellen werde, auch in diesem Bereich teilweise nachhaltige Auswirkungen. Studien zeigen: Kinder ohne verbindliche zwischenmenschliche Beziehungen leben ungesünder, ernähren sich schlechter und schlafen weniger.

15 Matthäus 7, 16.

Bedingungen erfüllt sein, auf die ich noch zu sprechen kommen werde. Zunächst seien die drei Botenstoffe kurz vorgestellt.[16] Motivationsbotenstoff Nummer eins ist das Dopamin, eine Art Dopingdroge, die uns Lust macht, etwas zu tun, uns anzustrengen und Leistung zu zeigen. Botenstoff Nummer zwei sind die körpereigenen Opioide[17], die dafür sorgen, dass wir uns körperlich und seelisch gut fühlen. Botenstoff Nummer drei ist Oxytozin, eine hochinteressante Substanz, die uns bestimmten Menschen besonders verbunden fühlen lässt und uns dazu animiert, uns für sie besonders einzusetzen. Gemeinsam bilden die Leistungsdroge Dopamin, die Wohlfühldrogen aus der Gruppe der Opioide und das »Freundschaftshormon« Oxytozin ein geradezu geniales Trio. Menschen, die von ihrem Gehirn mit dieser »Mixtur« ausreichend versorgt werden, haben Lust aufs Leben, sind bereit, gemeinsam mit anderen etwas auf die Beine zu stellen, und wollen den Erfolg ihrer Taten genießen. Womit wir bei der Hauptfrage angelangt wären: Was muss geschehen, damit die Motivationssysteme des Gehirns ihren Cocktail über die Theke schieben, das heißt den Körper damit versorgen?

Neueste neurobiologische Studien zeigen[18]: Entscheidende Voraussetzungen für die biologische Funktionstüchtigkeit unserer Motivationssysteme sind das Interesse, die soziale Anerkennung und die persönliche Wertschätzung, die einem Menschen von anderen ent-

---

16 Eine ausführliche Darstellung der Motivationssysteme des Gehirns und der von ihnen produzierten Botenstoffe findet sich in Kapitel 2 meines Buches »Prinzip Menschlichkeit« (2006).

17 Es handelt sich um verschiedene körpereigene Transmitter, deren Wirkung sich aber gleicht, weshalb man sie in der Regel als Gruppe nennt und auch ich sie hier zusammenfasse, so als wären sie nur *ein* Botenstoff.

18 Vergleiche Kapitel 2 und 3 in meinem Buch »Prinzip Menschlichkeit« (2006).

gegengebracht werden. Wie schon erwähnt, verwandelt das Gehirn seelische Eindrücke in biologische Signale, es macht – etwas salopp ausgedrückt – aus Psychologie also Biologie. Studien konnten zeigen, dass soziale Ausgrenzung oder Isolation Gene im Bereich der Motivationssysteme inaktiviert. Umgekehrt hat bereits die bloße *Aussicht* auf Anerkennung und Wertschätzung eine massive Aktivierung dieser Systeme zur Folge.[19] Woher Kinder und Jugendliche die für die Motivation so wichtige Anerkennung und Wertschätzung erhalten, liegt auf der Hand: Sie erhalten sie im Rahmen zuverlässiger persönlicher Beziehungen zu ihren Bezugspersonen, in der Regel also zu Eltern oder anderen engen Angehörigen, aber auch zu Lehrern und anderen Mentoren. Nur dort, wo sich Bezugspersonen für das einzelne Kind persönlich interessieren, kommt es in diesem zu einem Gefühl, dass ihm eine Bedeutung zukommt, dass das Leben einen Sinn hat und dass es sich deshalb lohnt, sich für Ziele anzustrengen. Kinder und Jugendliche haben ein biologisch begründetes Bedürfnis, Bedeutung zu erlangen. Ohne ihnen zufließende Beachtung können sie nicht nur keine Motivation aufbauen, sondern sich auch insgesamt nicht gesund entwickeln.

Um Bedeutsamkeit zu erleben, Motivation aufzubauen und die dazu notwendigen neurobiologischen Prozesse in Gang zu bringen, brauchen Kinder gute, verbindliche Beziehungen, was keineswegs bedeutet, sie in Watte

---

19 Es muss sich allerdings um eine *realistische* Aussicht handeln. Wenn ein Kind – in der Erwartung einer Anerkennung – etwas leistet, was eine Bezugsperson von ihm fordert, aber die erwartete Beachtung dann nicht erhält, wird es im Wiederholungsfalle *keine* Motivation mehr zeigen. Alle Erfahrungen, ob gute oder schlechte, werden vom Körper erinnert.

zu packen. Gerade weil sie die Anerkennung suchen, wollen Kinder auch eine klare Auskunft darüber haben, was wir von ihnen erwarten. Als Eltern, Pädagogen oder Mentoren sollten wir bei Kindern aber nicht *das* hegen und pflegen, was uns bequem ist oder uns ein Gefühl von Macht gibt, sondern das, was *das Leben* von ihnen fordern wird: Begeisterungsfähigkeit, Kreativität, Pfiffigkeit, Hilfsbereitschaft, kritisches Denken, Fleiß, Durchhaltevermögen, Unbestechlichkeit, Konfliktbereitschaft, Empathie, Fairness und Sportlichkeit.[20] (Die wesentlichen Merkmale einer »guten Beziehung« sollen an späterer Stelle, vor allem in Kapitel 7, angesprochen werden.)

Bleibt der Bedeutungshunger des Heranwachsenden ungestillt, dann passiert etwas Fatales. Entweder entwickelt das Kind nun eine seelische Symptomatik (zum Beispiel Angst oder depressive Symptome), oder es kommt zu einem Vorgang, den wir derzeit bei einem großen Teil junger Menschen erkennen: Der Körper sucht sich Ersatzreize, die in der Lage sind, die Motivationssysteme des Gehirns quasi zu korrumpieren, um doch noch an die lebensnotwendigen Botenstoffe heranzukommen. Ersatzreize dieser Art haben jedoch einen gefährlichen Nachteil, ja sie können das Leben eines Menschen zerstören: Sie sorgen zwar für eine Freisetzung der Botenstoffe, führen *im realen Leben* aber zu keinerlei Motivation, sondern zu Apathie. Die einzige »Motivation«, die sie auslösen, besteht darin, dass der Organismus von nun an versucht, sich weitere Ersatzreize derselben Art zuzuführen. Ersatzreize, die das Streben eines Menschen immer mehr darauf

---

20 Sokrates (469–399 v. Chr.), der Lehrer Platons, definierte vier Grundtugenden: Tapferkeit, Wissen (Weisheit), Gerechtigkeit und Mäßigung (Besonnenheit).

einengen, die nächste »Dosis« zu bekommen, sind Sucht-mittel. Jede Sucht bedient sich also der neurobiologischen Motivationssysteme, hat aber – im Hinblick auf die *reale* Welt – zugleich die Zerstörung von Motivation zur Folge. Man unterscheidet in der Suchtmedizin »stoffgebundene Suchtkrankheiten« (mit dem Verlangen nach Alkohol, Nikotin und anderen Drogen) und »nicht stoffgebundenes Suchtverhalten«, das sich bei Kindern und Jugendlichen am stärksten in der Computerspiel- und Internet-sucht manifestiert.[21] Wir sollten dieses Phänomen ernst nehmen. Der Sucht erzeugende Charakter der Bildschirm-spiele wird inzwischen wissenschaftlich untersucht. Es gibt bereits Kliniken, die für Betroffene eigene Abteilun-gen eingerichtet haben.

Wenn Kinder und Jugendliche das Gefühl haben, nicht als Person »gesehen«, wahrgenommen, gefordert und gefördert zu werden, und es vermissen, für andere Menschen bedeutsam zu sein, dann kommt es bei ihnen – aus einer unausweichlichen neurobiologischen Logik he-raus – zu einem dramatischen Anstieg des Suchtrisikos. Obwohl sich alles nur zwischen Spieler, Bildschirm und Joystick oder Tastatur abspielt, erleben sie in der Welt der Computerspiele, dass es auf sie ankommt, dass ihre Hand-lungen zu Ergebnissen führen. Sie haben das Gefühl, et-was zu können und etwas wert zu sein. Viele Spiele wer-den vernetzt gespielt, das heißt, der einzelne Teilnehmer ist mit anderen in der anonymen Spieler-»Community«

---

21 In Deutschland sind über 700000 junge Leute derzeit sogenannte Intensivspieler, die regelmäßig mehr als zwanzig Stunden pro Woche mit Computerspielen ver-bringen. Die Zahl der Spieler, die unter dieser Marge liegen, aber ebenfalls ein Ab-hängigkeitsverhalten zeigen, ist weit höher anzusetzen. Kinder und Jugendliche, die jeden Tag deutlich mehr als eine Stunde mit PC-Spielen verbringen, befinden sich in der Gefahrenzone einer Suchtproblematik.

des Internet verbunden, wo Mannschaften gebildet werden können, die miteinander oder gegeneinander antreten. »Im Internet war ich wer«, schreibt ein Betroffener im Internetforum *www.onlinesucht.de.* »In dem Spiel gab es gewisse Stufen, die man erreichen konnte. Je höher die Stufe, desto höher das Ansehen. Innerhalb von acht Monaten hatte ich die höchste Stufe erreicht. Ich wurde geachtet, ich wurde gemocht. Genau das, was ich immer wollte. Im Real haben mich meistens alle gehänselt, ich war ein Niemand. Aber im Spiel war ich ein JEMAND.«[22] Beim Computerspiel entstehen neue, allerdings ausschließlich virtuelle (Schein-)Beziehungen und (Schein-)Gemeinschaften, die – wie Verhaltensbeobachtungen an Spielsüchtigen zeigen – die reale Welt fast vollständig ersetzen können. Die betreffenden Jugendlichen leben nur noch für das, was sich in ihren Spielen am Computer bzw. im Internet abspielt. Unternehmungen mit Freunden, Gespräche in der Familie, Sport, Musik und Bildungsziele werden uninteressant. Während also junge Menschen in der *virtuellen* Welt relativ schnell zu Stars aufsteigen können, koppeln Computerspiele sie somit oft gleichzeitig von der *realen* Welt ab und beeinträchtigen ihre tatsächlichen Entwicklungsmöglichkeiten.

---

22 Ein Blick auf die diesbezügliche Forschung und eine eindrucksvolle Beschreibung der Psychologie der Spielsucht bietet Thomas Thiel: »»Es war die Hölle‹«, *Frankfurter Allgemeine Zeitung*, 5. Januar 2007 (aus diesem Text stammt auch das Zitat). Weitere Informationen: *www.internetsucht.de.*

Die neurobiologische Bedeutung
von Vorbildern: Lernen am Modell

Als der kanadische Psychologe Albert Bandura[23] in den sechziger Jahren erstmals seine Theorie vom »Lernen am Modell« vorstellte und behauptete, Kinder und Jugendliche lernten das meiste dadurch, dass sie andere Menschen erleben und beobachten, passte dies in keine der damals gängigen psychologischen Theorien. Die Psychoanalytiker taten das »Lernen am Modell« als etwas ab, das sie, wie sie glaubten, mit dem Vorgang der »Identifikation« längst beschrieben hatten. Für die Verhaltenspsychologen hingegen war Banduras Sicht der Dinge neu, denn sie hatten bis dahin die Meinung vertreten, menschliches Verhalten entstehe primär aus gelernten Reaktionen auf Belohnungs- oder Bestrafungsreize und Verhalten werde dementsprechend vor allem durch solche Reize gesteuert. Dabei könnten diese einem bestimmten Verhalten entweder *vorausgehen* (Beispiel: Der Duft aus der Küche macht die Kinder hungrig und treibt sie an den Esstisch) oder als *Folge* eines bestimmten Verhaltens auftreten (Beispiel: Das Kind weiß, dass die Eltern die Höhe des Taschengeldes danach bemessen, ob während der Woche die Hausaufgaben gemacht wurden, und bemüht sich daher verstärkt, diese zu erledigen).[24] Wegen ihrer Einfachheit (nach dem Motto »Aus A folgt B« oder »A erfolgt, um B zu erreichen«) erfreut sich die reine Verhal-

---

23 Der 1925 in Kanada geborene Psychologe Albert Bandura forschte und lehrte an verschiedenen Universitäten der USA, vor allem an der Stanford University, wo er noch heute arbeitet. In deutscher Sprache erschien unter anderem sein Hauptwerk »Lernen am Modell«, Klett-Cotta, Stuttgart 1976.

24 Ersteres wird als klassische, Letzteres als operante Konditionierung bezeichnet.

tenstheorie bis heute großer Beliebtheit. Sie lässt jedoch nicht nur wesentliche Elemente menschlichen Verhaltens, sondern vor allem auch, wie als Erster Bandura erkannte, zentrale und entscheidende Aspekte beim *Lernen* außer Acht.

Albert Bandura hätte sich in der sechziger Jahren kaum träumen lassen, dass seine Theorie, die inzwischen durch zahlreiche *psychologische* Studien gut fundiert ist, mehr als dreißig Jahre später auch durch eine *neurobiologische* Entdeckung bestätigt werden sollte. Mitte der neunziger Jahre konnte ein automatisch und ohne bewusstes Nachdenken arbeitendes neurobiologisches System nachgewiesen werden, dessen einziger Zweck darin besteht, beobachtetes Verhalten anderer Menschen im Gehirn des Beobachters zu simulieren, also auf eine stumme Art »nachzuspielen«. Handlungen, Empfindungen, Gefühle und Stimmungen, alles, was uns andere vormachen oder zeigen, wird im Gehirn des beobachtenden Menschen – gleichsam wie in einem Spiegel – leise nachgeahmt. Nervenzellen, die darauf spezialisiert sind, bilden in unserem Gehirn das System der Spiegelneurone (im Englischen wird es als »mirror neuron system«, MNS, bezeichnet).[25] Spiegelnervenzellen »übersetzen« das, was wir sehen oder miterleben, in eine Art diskretes inneres »Mit-Tun«, sie sind die neurobiologische Grundlage für Albert Banduras Lernen am Modell.[26] Spiegelneurone bilden im Gehirn des zuschauenden (oder an einem Gesche-

25 Eine ausführliche Darstellung des Systems der Spiegelneurone findet sich in meinem Buch »Warum ich fühle, was du fühlst. Intuitive Kommunikation und das Geheimnis der Spiegelneurone« (Heyne Taschenbuch, München 2006).
26 Ibidem. Eine Studie, die diese Aussage in besonders eleganter Weise belegt, wurde von Giovanni Buccino und Kollegen durchgeführt (siehe *Neuron* 42: 323, 2004).

hen beteiligten) Menschen nicht nur Handlungen nach, sondern auch Empfindungen und Gefühle. Was Spiegelzellen aus diesen Elementen zusammensetzen, sind schließlich Gesamteindrücke, die wir von anderen Menschen gewinnen, samt ihren emotionalen Einstellungen, ihren Motivationen und ihren Handlungsstrategien. Menschen, mit denen wir viel oder intensiv zu tun haben, hinterlassen in uns eine Art Bild, das uns verändern, ja zu einem Teil von uns werden kann.[27]

Kinder und Jugendliche erkennen ihre Potenziale in den Spiegelungen der Erwachsenen

Die Beziehungen zwischen Kindern und Jugendlichen auf der einen sowie Lehrern, Eltern und Mentoren auf der anderen Seite sind keine Einbahnstraße, sondern gleichen – neurobiologisch gesehen – eher einer Strecke mit lebhaftem Gegenverkehr. Einerseits bildet sich das, was Lehrer und Eltern tun (aber natürlich auch viele andere Erlebnisse), fortlaufend in den Köpfen von Kindern und Jugendlichen ab. Andererseits registrieren diese, wie sie ihrerseits in den Köpfen ihrer Eltern, ihrer Lehrer und sonstiger Bezugspersonen wahrgenommen werden, wie sie sich also in deren Spiegelsystemen abbilden. An der Art und Weise, wie sie von ihren Eltern und Lehrern wahrgenommen werden, erkennen Kinder und Jugendliche nicht nur, wer sie selbst sind, sondern vor allem

---

27 Der durch einen anderen Menschen ausgelöste Vorgang der Selbstveränderung im Sinne eines Ähnlich-Werdens wird als »Identifikation« bezeichnet.

auch, wer sie sein könnten, das heißt, worin ihre Potenziale und Entwicklungsmöglichkeiten bestehen.[28] Sie leben sich gewissermaßen in den Korridor der Vorstellungen und Visionen hinein, die sich ihre Bezugspersonen – vorausgesetzt, sie haben welche – von ihnen machen. Gibt es keinen solchen »Zukunftskorridor«, dann weiß das Kind nicht, wohin die Reise gehen soll. Kinder und Jugendliche verwerten beides – sowohl das unmittelbare Vorbild handelnder Erwachsener als auch die Spiegelung (ihres eigenen Bildes), die sie von ihren Bezugspersonen erhalten –, um so Stück für Stück ein »Selbst« zu entwickeln und zu einer Persönlichkeit zu werden. Dies ist der Kern dessen, worum es in Erziehung und Bildung geht, und der Grund, warum die Beziehungen zu Erwachsenen für Heranwachsende eine alles entscheidende Rolle spielen. Durch diese Beziehungen, die wir als »Vor-Bilder« mit den Kindern und Jugendlichen gestalten, tragen wir entscheidend dazu bei, was aus ihnen wird.

Erste Voraussetzung für einen solchen Prozess ist natürlich zunächst einmal, dass erwachsene Bezugspersonen für einen jungen Menschen überhaupt *da sind*. Sie müssen sich dann aber darüber hinaus auch *zeigen*, das heißt, als »Menschen mit Eigenschaften« erkennbar werden. Ausstrahlung entwickeln und eine Vorbildfunktion erfüllen kann als Erwachsener aber nur, wer als Person vital auftritt, das Leben liebt, wer weiß, wie man Probleme löst, sich für Ziele begeistern kann und für Lebensstile und Werte eintritt, die er oder sie für richtig hält. Dabei muss sie oder er zugleich menschlich bleiben, darf also keine Gewalt ausüben, andere nicht demütigen und

---

28 Siehe auch Kapitel 7.

eigene Schwächen nicht verleugnen. Eltern und Pädagogen mit solchen Eigenschaften dürfen eine Menge menschlicher »Fehler« haben, denn viel wichtiger als Perfektion ist, dass von ihnen etwas Einzigartiges ausgeht: Sie erzeugen – über das System der Spiegelzellen – im Kind bzw. im Jugendlichen *Resonanz*, sie können eine Flamme entfachen und Begeisterung entzünden. Nichts behindert Bildungsprozesse mehr als Eltern und Lehrer, die aus Angst, etwas falsch zu machen, und von dem Wunsch getrieben, sich auf keinen Fall eine Blöße zu geben, jede persönliche Identität abgestreift haben und zu »Menschen ohne Eigenschaften« geworden sind.[29] Identitätslose Unangreifbarkeit auf Kosten persönlicher Eigenart ist der Totengräber jeglicher Bildung und Erziehung.[30]

Kinder und Jugendliche erkennen, wie sie sich in der Wahrnehmung von Eltern oder Lehrern spiegeln, und spüren, was ihre Bezugspersonen ihnen zurückmelden. Dieses Feedback kann für sie wegweisend, aber auch niederschmetternd sein, nämlich dann, wenn es sich nur auf ihre Mängel oder negativen Eigenschaften bezieht. Gerade bei solchen Kindern und Jugendlichen, die Erwachsene durch ihr Verhalten manchmal zur Verzweiflung bringen, ist es von besonderer Bedeutung, dass sie immer

---

29 Führt allerdings das Zeigen einer persönlichen Note in der Schule sofort zu heftigen negativen Reaktionen, zu Angriffen gegen Lehrer »mit Eigenschaften«, ist das Ergebnis, dass diese nur noch »Unterricht nach Vorschrift« machen, der alle Beteiligten langweilt. Natürlich müssen sich andererseits auch Lehrer »mit Eigenschaften« im Rahmen ihrer beruflichen Rolle bewegen und dürfen ihren Schülern keine Kränkungen zufügen.

30 Es ist zu befürchten, dass schulbürokratische Maßnahmen wie die Bewertung von Lehrkräften durch ihre direkten Vorgesetzten oder externe Kontrollen einen paradoxen Effekt haben und zu einer solchen »identitätslosen Unangreifbarkeit« von Lehrern beitragen werden. Man wird dann zwar am Ende vielleicht keinem Lehrer mehr etwas vorwerfen können, gleichzeitig womöglich aber den denkbar ödesten und schlechtesten Unterricht haben.

wieder auch eine Rückmeldung erhalten, die eine Vision ihrer *Entwicklungsmöglichkeiten* aufscheinen lässt (siehe Kapitel 7). Kinder bzw. Jugendliche, die ein ausgeprägtes Problemverhalten zeigen und denen nichts anderes als eben dieses gespiegelt wird, kommen aufgrund dessen langsam, aber sicher zu der Überzeugung, dass sie nun einmal so und nicht anders sind bzw. sein können. Einen zum Beispiel immer wieder gewalttätigen Jungen aber bei passender Gelegenheit mit einer Bemerkung zu überraschen, die eine positive Vision seiner selbst enthält, kann demgegenüber Wunder bewirken.[31]

Aggression

Destruktive Aggression[32] ist bekanntlich ein Teil dieser Welt, und daher wäre die Erwartung naiv, die Schule könnte von ihr ausgespart sein. Entgegen einer weit verbreiteten Annahme haben sich aus neurobiologischer Sicht aber keine Bestätigungen dafür finden lassen, dass destruktive Aggression beim Menschen einen »Trieb«, also

---

31 Eine solche Vision sollte realistisch sein, muss aber nicht hundertprozentig »stimmen«, denn darauf kommt es nicht an. Eine an einen schwierigen Jungen gerichtete Bemerkung wie »Wenn ich dich so sehe mit deiner ganzen Kraft, dann denke ich immer wieder, dass du vielleicht einmal ein toller Fußballcoach (oder Fitnesstrainer etc.) werden könntest« wirkt nicht dadurch, dass das Vorausgesagte auch wirklich eintritt, sondern dadurch, dass das Kind spürt: Es gibt außer der momentanen Realität noch etwas anderes (ein Entwicklungspotenzial) in mir, das vom Lehrer (oder von den Eltern) *gesehen* wird.

32 Im Nachfolgenden ist mit »Aggression« die mit Wut verbundene destruktive Aggression gemeint. Einige psychologische Denkschulen haben Aggression im Sinne von Antrieb/Motivation (in Anlehnung an das lateinischen Wortes »aggredere« = an etwas herangehen) und Aggression im Sinne von Wut (destruktive Aggression) zu *einem* Konstrukt zusammengefasst. Dies lässt sich aus neurobiologischer Sicht nicht nachvollziehen. Nähere Ausführungen zur Neurobiologie und Psychologie der Aggression finden sich in meinem Buch »Prinzip Menschlichkeit« (2006).

ein aus sich selbst heraus auftretendes biologisches Grundbedürfnis, darstellt.[33] Wir wissen heute recht genau, welche Regionen im menschlichen Gehirn aktiv werden, wenn ein Mensch Aggression erlebt und auslebt, so wie wir auch die neurobiologischen Zentren kennen, die aktiv werden, wenn ein Mensch Angst erlebt.[34] Bei keinem der beiden Phänomene – weder bei Angst noch bei Aggression – handelt es sich jedoch um einen Trieb (bei der Angst leuchtet dies unmittelbar ein, wir würden kaum von einem »Angsttrieb« sprechen). Vielmehr sind sowohl die Angst als auch die Aggression neurobiologische (und psychische) Zustände, die unter bestimmten Bedingungen abgerufen werden. Sie sind biologische Signale, die eine Bedrohung des Organismus anzeigen und zugleich ein Verhaltensprogramm aktivieren, das ihn vor Gefahren schützen soll.

Der ursprüngliche biologische »Sinn« der Aggression ist die Bewahrung der Unversehrtheit des eigenen Körpers und die Abwehr von Schmerz. Dies zeigen auch wissenschaftliche Experimente. Absichtlich herbeigeführter physischer Schmerz ist der einzige jederzeit »zuverläs-

---

33 Das vorrangige »Triebzentrum« des menschlichen Gehirns sind die bereits erwähnten Motivationssysteme, deren »Verlangen« bei gesunden, nicht traumatisierten Menschen primär auf zwischenmenschliche Bindung und soziale Gemeinschaft gerichtet ist, was den Begriff des »social brain« entstehen ließ. Weiteres Motivationsziel ist die Sicherung der körperlichen Grundbedürfnisse (Nahrung und Wärme). Dauerisolation führt zu einem Erlahmen des Nahrungs- bzw. Überlebenstriebes. Das heißt, der »Überlebenstrieb« verliert aus der Sicht des Gehirns seinen »Sinn«, wenn das primäre Motivationsziel (soziale Gemeinschaft) nicht mehr erreichbar ist. Auch hierzu mehr in meinem Buch »Prinzip Menschlichkeit« (2006).

34 Zwischen beiden Phänomenen, Angst und Aggression, gibt es übrigens einen funktionalen Zusammenhang. Eine äußere Bedrohung kann auf direktem Weg Angst und/oder Aggression hervorrufen. Im Falle von ausgelöster alleiniger Angst kann diese entweder Fluchtverhalten oder – sekundär – Aggression zur Folge haben (»fight or flight«).

sige«, jederzeit wiederholbare Auslöser von Aggression. Doch allein damit kämen wir nicht weit, wenn es darum geht, das Phänomen menschlicher Aggression zu erklären. Ein entscheidender Durchbruch zu einem tieferen Verständnis gelang der amerikanischen Neuropsychologin Naomi Eisenberger in einer Untersuchung aus dem Jahre 2003.[35] Ihr Ergebnis: *Das menschliche Gehirn bewertet zugefügten körperlichen Schmerz auf die gleiche Weise wie soziale Ausgrenzung oder Demütigung, was zur Folge hat, dass beides – physischer wie psychischer Schmerz – mit Aggression beantwortet wird.* Zur körperlichen Unversehrtheit gehört – jedenfalls in der Wahrnehmung des Gehirns – also auch, sozial akzeptiert zu sein. Ausschluss und Erniedrigung sind daher nicht nur aus psychologischer, sondern auch aus neurobiologischer Sicht ein potenter Aggressionsauslöser.

Damit beginnen wir dem Phänomen der menschlichen Aggression, insbesondere aber dem der in Schulen auftretenden Destruktivität näherzukommen. Kinder und Jugendliche, die keine oder keine hinreichenden Erfahrungen sozialer Akzeptanz machen konnten bzw. machen, beantworten diesen Mangel – aus einem unbewusst ablaufenden Mechanismus heraus – mit erhöhter Aggressionsbereitschaft. Dazu passend konnten neuere Untersuchungen zum biografischen Hintergrund größerer Populationen von Jugendlichen (sowohl solchen ohne als auch solchen mit verschiedenen Formen von gewalttätigem Verhalten bis hin zu schwersten Gewalttaten) Folgendes nachweisen: Die beiden stärksten Prädiktoren (Vorher-

---

35 Naomi Eisenberger und Kollegen: Does rejection hurt? An fMRI study of social exclusion, *Science* 302: 290, 2003.

sagefaktoren) für Gewalttätigkeit bei Heranwachsenden sind selbst erlebte Gewalt und fehlende persönliche Bindungen.[36] Alles, auch die Erfahrung fehlender Akzeptanz, wird vom menschlichen Gehirn gespeichert, das heißt, Kinder akkumulieren in sich, was sie in ihrem sozialen Hintergrund an Vernachlässigung, Demütigung oder Gewalt erlebt haben.[37] Helmut Hochschild – er führte als Direktor die wegen des Alarmrufs ihrer Lehrer »berühmt« gewordene Berliner Rütli-Schule aus der Krise – hat den Zusammenhang zwischen Erfahrungen der demütigenden Aussonderung und der dadurch ausgelösten Aggressivität von Schülern eindrucksvoll geschildert.[38] *Schulen sind weder die Quelle noch die Ursache für das bei Jugendlichen zu beobachtende Aggressions- und Gewaltpotenzial, sie sind jedoch das Terrain, auf dem es ausgelebt wird. Umso wichtiger ist aber, dass Schulen das Gefühl von Jugendlichen, ausgesondert zu sein, nicht noch weiter verstärken.*

Angesichts dieser Zusammenhänge sollte klar geworden sein, warum ein »Lob der Disziplin« bzw. ein bloßer Appell zur Reanimation disziplinierten Verhaltens allenfalls ein Beitrag am Rande, aber kein wirklich wirksamer Ansatzpunkt sein kann, um die Situation an unseren Schulen zu verbessern. Statt uns an die trügerische

---

36 Siehe zum Beispiel Rolf Loeber und Kollegen: The prediction of violence and homicide in young men, *Journal of Consulting and Clinical Psychology* 73: 1074, 2005.

37 Der Philosoph Peter Sloterdijk sprach in seinem Buch »Zorn und Zeit« (Suhrkamp, Frankfurt am Main 2006) von »Zornmassen«, die in »Depots des Zorns« angelegt werden, und von einer »Zornschatzbildung«, zu der vor allem vernachlässigte, sozial chancenlose junge Männer neigen. Diese durchaus reizvolle Art, das Problem zu formulieren, ist im Grunde die Neuerfindung des Rades, denn das Phänomen aufgestauter aggressiver Impulse musste nicht erst entdeckt werden. Aus Gründen, die – mit Verlaub – nur eine gewisse philosophische Arroganz zulassen kann, werden Psychologie und Psychoanalyse, die den gefährlichen Aufstau von Emotionen seit langem beschreiben, in Sloterdijks Buch mit sarkastischer Verachtung bestraft.

38 Helmut Hochschild: »Das System ist krank«, *Der Spiegel* 49/2006.

Bastion der Disziplin zu klammern, müssen wir der zunehmenden Beziehungs- und Bindungslosigkeit, in der Kinder und Jugendliche heute heranwachsen, massiv und wirksam entgegentreten. »In der Erziehung darf Disziplin nicht als Schlüssel gehandelt werden. Jedes Kind ist anders, deshalb kommt es auf das individuelle Verhältnis zwischen Erziehenden und Kind an«.[39] Was Kinder und Jugendliche sowohl außerhalb als auch innerhalb der Schule brauchen, ist mehr persönliche Zuwendung und Förderung. Wo Familien oder Alleinerziehende dies nicht leisten können, müssen Kindern und Jugendlichen komplementäre Angebote offenstehen, das heißt Lebensräume, in denen sie auch in jener Zeit, in der zu Hause niemand zur Verfügung stehen kann, von Mentoren, insbesondere Lehrerinnen und Lehrern, gefordert und gefördert werden. Ein wichtiger Ansatz, der hier hilfreich sein könnte, beginnt mit Ursula von der Leyens Modell der Elternzeit, noch wichtiger aber sind flächendeckende Kinderbetreuungsstätten und die Bereitstellung von Ganztagsschulen. Doch um Kinder und Jugendliche nachhaltig zu fördern, bedarf es noch weiterer Vorbedingungen.

---

39 Damit trifft Dustin Klinger, der bereits zitierte Sprecher der Kollegstufe des Internats Schloss Salem, ins Schwarze. *Frankfurter Allgemeine Zeitung*, 18. Januar 2007.

Wer andern eine Schule baut,
muss selbst hinein!
Aus Schülermund

2 Schulen – Orte des Grauens oder »Treibhäuser der Zukunft«[40]

Orte spielen im Leben des Menschen eine weit bedeutendere Rolle, als uns bewusst ist. Sie sind so etwas wie ein »Anker«, der alles »erdet«, was wir an dem jeweiligen Ort erleben bzw. erlebt haben, ja sie verankern manchmal sogar einen bestimmten Zeitabschnitt unseres Lebens. Dies ist keine nostalgische Sentimentalität, sondern ein Vorgang mit einem neurobiologischen Hintergrund. In einem kleinen Garten, auf den ich blicken kann, wenn ich zu Hause arbeite, tummelten sich jahrelang ungestört verschiedene Singvögel. Eines Abends, es war im Frühsommer, trat ich wegen eines geradezu ohrenbetäubenden Lärms, den die gesamte Amselschar der Umgebung veranstaltete, ans Fenster. Ich sah – zum ersten Mal – mitten im Garten, in einer Pose wie auf einem Staatswappen, einen Falken stehen, der eine junge Amsel unter sich in den Fängen hielt und bereits begonnen hatte, das Tier zu verspeisen, indem er regelmäßig mit scharfem Schnabel

---

40 »Treibhäuser der Zukunft« ist der Titel einer exzellenten Dokumentation über neue Schulformen von Reinhard Kahl (drei DVDs mit Booklet; Beltz, 3. Auflage, Weinheim 2006).

in seine Beute stieß. Er war vollkommen unbeeindruckt von der geradezu hysterischen Aufgeregtheit der Amseln um ihn herum, die versuchten, ihn anzufliegen und mit ihrem Geschrei zu vertreiben. Es half nichts, dass ich den Eindringling, da ich den Garten nicht zu einem Bistro für Raubvögel werden lassen wollte, mit dem gut gezielten Wurf eines Aschenbechers vertrieb: Von diesem Tag an waren die Amseln bis zum Ende der Saison verschwunden.

Orte haben auch für Kinder eine enorme Bedeutung. Es gibt in Deutschland rund 42 000 öffentliche Schulen.[41] In ihnen verbringen Mädchen und Jungen in zehn Schuljahren – bei Halbtagsbetrieb – um die acht- bis zehntausend Stunden. Orte, an denen wir unerfreuliche, aversive Erfahrungen gemacht haben oder machen, erzeugen Angst in uns, ja sie können uns regelrecht krank werden lassen. Angst, unentwegter Lärm, Hetze, überzogener Leistungsdruck[42], Demütigungen, Einengung und die Gefahr körperlicher Gewalt aktivieren im Menschen einen biologischen Apparat, den Neurobiologen als Stresssystem bezeichnen. Bei Angst und Stress schütten die Angstzentren des Gehirns[43] erregende Neurotransmitter aus, die in weiteren Zentren des Gehirns Stressgene aktivieren und das vegetative »Panikorchester«

---

41 Hinzu kommen etwa fünftausend Schulen in privater Trägerschaft.

42 Die Schule darf und soll Leistung fordern. Kinder und Jugendliche wollen von Erwachsenen Ziele gesetzt bekommen, doch müssen diese *erreichbar* sein. Erreichbare Ziele (in der Stressforschung als »controlable stress« bezeichnet) sind unbedenklich. Nicht erreichbare, überfordernde Ziele (»uncontrolable stress«) machen krank.

43 Dies sind die Mandelkerne (Corpora amygdala). Sie schütten den erregenden Neurotransmitter Glutamat aus. Dazu ein Hinweis zu einer in diesem Zusammenhang stets gestellten Frage: Mit der Nahrung aufgenommenes Glutamat gelangt durch die Leber in den Stoffwechsel. Über eine schädliche Wirkung von Speiseglutamat auf das Gehirn liegen keine gesicherten Erkenntnisse vor.

des Körpers in Aktion treten lassen.[44] Ein Organismus mit aufgedrehtem Stresssystem verliert die Fähigkeit, das zu tun, worauf es in der Schule ankommt: aufmerksam zu sein und zu lernen. Angst und Stress sind Bildungskiller. Kritik und Rückmeldungen, etwa in Form von Noten, können Schüler anspornen, doch wo ein solches Feedback zu einem Instrument der Bloßstellung, Demütigung und Aussonderung wird, verkehrt es sich zu einem kontraproduktiven Instrument der Angst, das im Kind bzw. Jugendlichen eine Art Dauerstress erzeugt und seine Leistungsentwicklung behindert. Schulen gleichen heute weithin Gärten, in denen die Masse der Singvögel nicht nur unter dem Eindruck *eines*, sondern gleich mehrerer Falken steht.

Pädagogische Prinzipien: hydraulisch, plastisch und Arbeit mit Resonanz

Um Wasser durch ein Rohr zu pumpen, ist nichts weiter als hinreichend großer Druck erforderlich. Die »schwarze Pädagogik« der gewaltsamen Einwirkung auf das Kind, die sich dieses »hydraulischen« Prinzips bediente, hat glücklicherweise überwiegend ausgedient, jedenfalls an

---

44 Die Mandelkerne aktivieren mit dem von ihnen freigesetzten Glutamat zum einen das Stresszentrum im Hypothalamus, wo sie das Stressgen Corticotropin Releasing Hormone (CRH) »anschalten«. Zum anderen aktiviert Glutamat Stresszentren im Hirnstamm, wo unter anderem Noradrenalin (mit Effekten auf Herz und Kreislauf) und Acetylcholin (mit der Möglichkeit, Schlafstörungen zu verursachen) freigesetzt werden. Als Folge des aktivierten Stressgens CRH kommt es in der Nebenniere zur Freisetzung des Stresshormons Cortisol. Es kann die Immunabwehr des Körpers schwächen. Zusammen mit erhöhtem Glutamat hat erhöhtes Cortisol außerdem einen toxischen Effekt auf Nervenzellen. Aus diesem Grund gilt: »Stress macht (jedenfalls auf die Dauer) dumm.«

den allermeisten Schulen.[45] »Hydraulische Pädagogik« zerstört Bildungsbereitschaft, sie produziert keine Genies, sondern kranke Kinder. Welche Alternativen stehen zur Verfügung? Das »plastische« Prinzip der Pädagogik zielt auf die Formung des auszubildenden Menschen durch Übung. Um Kompetenz zu erwerben – sei es im Lesen, im Rechnen, beim Erwerb einer Sprache, im Sport oder in der Musik –, bedarf es dieses Elements. Was wir häufig tun und dabei trainieren, führt zur Optimierung der neuronalen Verknüpfungen in den jeweils zuständigen Nervenzellnetzen, was zur Folge hat, dass wir eine bestimmte Fähigkeit immer weiter optimieren. Wenn der oder die Übende erstmals spürt, dass ein gewisses Maß des Könnens erreicht ist, dann erzeugt dieser Moment hohe Befriedigung, ja Gefühle des Glücks. Dieses Glücksgefühl zeigt sich unabhängig davon, ob ein Kind gelernt hat, mit dem Ball zu dribbeln, Funktionsgleichungen zu lösen, eine fremde Sprache zu sprechen oder bei einer Musical-Aufführung mitzuwirken.[46] Die dem Erfolgsglück vorangehende Phase des Übens jedoch ist, unter dem Gesichtspunkt der Motivation betrachtet, eine Durststrecke.

Fleißig zu sein und etwas zu erlernen ist kein Vergnügen, sondern mit zahlreichen Momenten erheblicher Unlust verbunden. Es gehört zu den zentralen Aufgaben von Eltern und Lehrern, die anstrengenden Strecken des Übens so zu begleiten, dass das Kind nicht auf halber Strecke »verhungert« und aufgibt. Ein Versuch, da-

---

45 Wir sollten jedoch nicht übersehen, dass manche Kinder auch heute noch, wie zahlreiche bekannt gewordene Vorfälle aus jüngerer Zeit zeigen, in Elternhäusern einer »Pädagogik« ausgesetzt sind, die sich der blanken Einschüchterung und Gewalt bedient.

46 In der Psychologie spricht man in diesem Zusammenhang von »Funktionslust« oder »Selbstwirksamkeitserleben«.

bei ausschließlich oder überwiegend nach dem oben erwähnten »hydraulischen« Prinzip vorzugehen, das heißt allein auf Druck zu setzen, muss scheitern.

Hier kommen nun jene beiden neurobiologischen Stellschrauben ins Spiel, die ich bereits in Kapitel 1 angesprochen habe. Die erste: Kinder und Jugendliche müssen begleitet werden – und zwar durch »Beziehung«, also von Interesse, Nachfragen, Ansporn und Forderung, auch von Kritik, aber ebenso von Anteilnahme, Hilfe und Ermutigung. Anspruch und Zuwendung sind, wie erwähnt, erstrangige Stimuli für die Motivationssysteme des Kindes. Hier sind nicht nur Lehrer, sondern auch und vor allem Eltern gefordert – und hier wiederum insbesondere die Väter[47], die sich aus diesem »Geschäft« teilweise völlig zurückgezogen haben

Die zweite Stellschraube betrifft die wechselseitige Spiegelung zwischen Kind und Lehrer bzw. zwischen Kind und Eltern: Nur wenn sich Pädagogen (Elternteil oder Lehrer) selbst für eine bestimmte Sache und ein bestimmtes Ziel begeistern können (sei es im Bereich der klassischen Lernfächer, sei es auf kreativem Gebiet – Musik, Theater, bildende Kunst – oder im Sport), kann der Funke auf das Kind überspringen. Umgekehrt erlebt sich das Kind, wie schon erwähnt, in den Spiegelungen, die sein Bestreben im Erwachsenen auslöst. Wenn es diese Spiegelungen wahrnimmt, kommt es zu etwas Magischem: zu *Resonanz*. Mittels Resonanz zwischen Erwachsenen und Schülern werden Neugier und Begeisterung übertragen. Um das Kind zu den langen Durststrecken der Unlust auf dem Weg zu Bildungs-

---

47 Mütter geben hier in der Regel bereits alles, was ihnen möglich ist. Was vielen Kindern und Jugendlichen, vor allem den Jungen, fehlt, sind Väter, die sich um sie kümmern.

zielen zu motivieren, bedarf es der zwischenmenschlichen Beziehung und einer durch sie ausgelösten Resonanz.

Musik und Bewegung: »Lust auf Leben wecken«

Jede Form erlebter Resonanz ist ein hoch wirksamer Aktivator der körpereigenen Motivationssysteme, so zum Beispiel die Resonanz, die ein Kind oder Jugendlicher erlebt, wenn ein Erwachsener ihm zeigt, dass er an seinem Weiterkommen interessiert ist, aber auch all jene Formen, die mit dem gemeinsamen Ausüben von *Musik* verbunden sind.[48] Dies betrifft das Singen, das Einschwingen auf den Rhythmus, das Musizieren mit Instrumenten jeder Art, die von Musik oder Rhythmen begleitete gemeinsame Bewegung (Formation, Rap, Tanz etc.). Wer unsere Schulen attraktiver gestalten will, muss sie mit Musik und Bewegung anreichern, so wie es etwa der mit mehreren Preisen ausgezeichnete Dokumentarfilm »Rhythm Is It!« über ein Tanzprojekt mit überwiegend aus Berliner »Problemschulen« stammenden Kindern überzeugend vor Augen führt und für die Zuschauer emotional nachvollziehbar macht.[49]

Für Musik kann man Kinder und Jugendliche nur begeistern, wenn man ihnen in populären, modernen Stilrichtungen entgegenkommt, die das Potenzial haben, sie mitzureißen. Mir erscheint es weitaus sinnvoller, Kinder im Jazzchor, in einer Musical- oder Rapgruppe oder im Formationstanz auszubilden, als ihnen den Wissenskanon der Klassik aufzuzwingen, der ihnen – vor allem

---

48 Ausführlicher gehe ich darauf in meinem Buch »Prinzip Menschlichkeit« (2006) ein.

49 »Rhythm Is It!« (2004). Regie: Thomas Grube und Enrique Sánchez Lansch, mit dem Dirigenten Sir Simon Rattle und dem Choreographen Royston Maldoom.

wenn er *am Anfang* des Musikunterrichts steht – zumeist fremd erscheinen wird. Dies muss keineswegs ausschließen, dass man Kinder, die früh, meist angeregt durch entsprechende häusliche Unterstützung, Interesse an klassischer Musik entwickeln, auch an diese heranführen sollte. Im Musikunterricht besteht die große Gefahr, dass sich Kinder und Jugendliche mit unsicherer Stimme oder Problemen beim musikalischen Gehör bloßgestellt fühlen. Dies zu vermeiden ist entscheidend, und die Musik selbst bietet dazu den einfachsten Weg, denn sie besteht ja nicht nur aus Noten und Melodien, sondern auch aus Rhythmus, zu dem praktisch jeder Schüler Zugang findet.

Auch die *Bewegung* hat – ähnlich wie die durch Musik erzeugte Erfahrung der Resonanz – eine Beziehung zu den neurobiologischen Motivationssystemen. Motivation war, bevor sie im Laufe der menschlichen Evolution zu einem Antrieb für den Geist wurde, zunächst einmal nichts weiter als die Lust, den Körper in Bewegung zu setzen. Dieser Zusammenhang bildet sich auch heute noch im Gehirn ab: Das Motivationssystem ist die »neurobiologische Schwester« eines Mechanismus, der fließende Bewegungen ermöglicht. Beide »Schwestern« bedienen sich des gleichen Botenstoffs (Dopamin). Wie wir alle aus persönlicher Erfahrung wissen, kann – wenn unsere geistige Motivation zu erlahmen droht – lustvoll ausgeübte Bewegung oder Sport den Kopf frei machen für erneute geistige Tätigkeit. Das gilt erst recht für Kinder und Jugendliche: Sie müssen sich austoben können, und die Schule muss ihnen dazu reichlich Gelegenheit geben.

Was Schulen derzeit im Bereich Bewegung und Sport bieten, ist über weite Strecken – nicht nur aus der Sicht der Schüler – lächerlich, sowohl quantitativ als auch qualitativ. Dort, wo der Sportunterricht nicht ausfällt[50], erleben Schüler Auswüchse einer scheinbar unverwüstlichen Stoppuhr- und Metermaßmentalität. Vielfach ist das Fach Sport an unseren Schulen auch heute noch ein nur in etwas abgemilderter Form praktiziertes Relikt einer auf militärischen Drill ausgerichteten Ertüchtigungsideologie vergangener Zeiten, bei dem einige wenige Schüler am Reck, am Barren, beim Hochsprung, beim Weitwurf und beim Laufen glänzen, andere, »Unsportliche«, demgegenüber als abschreckendes Beispiel dienen und sich dem regelmäßigen Gespött von Lehrkräften und Mitschülern ausgesetzt sehen und eine mittlere Gruppe gelangweilt mitmacht, was auf dem Lehrplan steht. Mehr noch als in anderen Fächern werden Kinder gerade beim Sport vielfach – vorsätzlich oder unabsichtlich – bloßgestellt und beschämt. Wie soll sich unter solchen Bedingungen – und das bei maximal zwei Stunden in der Woche – jemals Freude am eigenen Körper, am Spiel und an der Bewegung entwickeln?[51]

In der Möglichkeit, Schulen durch stark ausgeweitete, vorzugsweise am Nachmittag platzierte Sportkurse und -veranstaltungen wie auch musikalische und andere künstle-

---

50 Sportunterricht findet in vielen staatlichen Schulen nur noch sporadisch statt. Neuerdings hat die allseits zu beklagende, von den Kommunen zu verantwortende Baufälligkeit pädagogischer Einrichtungen auch die Sporthallen erreicht, die an manchen Orten wegen Einsturzgefahr und anderer Mängel geschlossen werden mussten.

51 Der Sportunterricht alter Prägung ist ein anachronistisches Relikt und sollte meines Erachtens nur noch jenen Schülern angeboten werden, die ihn ausdrücklich wünschen, sonst aber abgelöst werden durch ein Fach »Bewegung«, in dem es darum geht, Körpergefühl zu entwickeln und die vielfältigen Möglichkeiten körperlichen Ausdrucks zu erlernen, beginnend mit Bewegungsspielen über die Beschäftigung mit Körpersprache bis hin zu verschiedenen Tanzformen. Ein Curriculum dieser Art wurde – in Zusammenarbeit mit dem Ministerium für Bildung und der Landeszentrale für Gesundheitsförderung in Rheinland-Pfalz – zum Beispiel von Brigitte Heusinger von Waldegge entwickelt: »Bewegung in der Schule«, Materialien zur Gesundheitsförderung, herausgegeben von der Landeszentrale für Gesundheitsförderung, Rheinland-Pfalz, LZG-Schriftenreihe Nr. 107, Mainz 2006.

rische Angebote zu einem Lebensraum zu machen, liegt die große Chance der Ganztagsschule. Nicht Disziplin, sondern ein den ganzen Tag durchziehendes, überaus reichhaltiges Angebot, das Musik und Sport mit einschließt[52], ist der entscheidende Unterschied zwischen Einrichtungen wie dem Schlossinternat Salem, dem Bernhard Bueb vorstand, und den öffentlichen Schulen. »Unsere Schule setzt zu sehr auf Wissensvermittlung«, gibt Professor Christian Pfeiffer zu bedenken. »Die Nachmittagsgestaltung der Schulen müsste unter der Überschrift *Lust auf Leben wecken* stehen. Nicht alles ist intellektuelle Welt: Wer schlecht in der Schule ist, kann als Schultorwart oder als Tischtennisspieler brillieren.«[53]

Konstanten der Halbtagsschule: Hetze, Druck und keine Arbeitsplätze für Lehrer

Was als pädagogisches Prinzip seine vollständige Unbrauchbarkeit erwiesen hat, nämlich das auf Druck basierende hydraulische Prinzip, hat sich in den letzten Jahren zu einem gern benutzten Instrument der Kultusbürokratien entwickelt. Auf den begründeten Hilferuf der Wirtschaft, die Qualifikationen der aus der Schule kommenden jungen Leute reiche hinten und vorne nicht aus, fiel den zuständigen Beamten nicht viel mehr ein, als den Druck auf die Schulen, und das heißt: auf die ohnehin schon am Rande ihrer Leistungsfähigkeit agierenden Lehr-

---

52 Siehe auch dazu Dustin Klinger, *Frankfurter Allgemeine Zeitung*, 18. Januar 2007.

53 Christian Pfeiffer (Direktor des Kriminologischen Forschungsinstituts Niedersachsen und Leiter zahlreicher Studien zum Verhalten von Schülern): Interview mit dem *Tagesspiegel*, 22. November 2006.

kräfte, zu erhöhen. Beispiele dafür gibt es zuhauf: Die Gymnasialzeit wurde ohne eine entsprechende Reduzierung des Lehrplans von neun auf acht Jahre verkürzt, was bedeutet, dass heute nahezu die gleichen Stoffmengen in einem deutlich verringerten Zeitkontingent »durchgezogen« werden müssen. Auch Grund- und Hauptschullehrer sollen wahre Wunder vollbringen: den Mädchen und Jungen bereits in der Grundstufe die erste Fremdsprache lehren, die Begabten besonders fördern, gleichzeitig aber auch Kinder integrieren und unterstützen, die schwere Lern- und Verhaltensstörungen aufweisen, von den hohen Anteilen nicht sprachmächtiger Schüler aus Migrantenfamilien ganz zu schweigen. Die Folge von alldem ist: Schulen sind derzeit Orte der ständigen Zeitnot und Hetze, Orte des Grauens.

Daraus ergibt sich ein in zunehmendem Maße zu beobachtender Teufelskreis: Weil viele Lehrerinnen und Lehrer ihren Arbeitsplatz als einen Ort des Grauens empfinden, ist es ihr Bestreben, die Schule nach Beendigung der Unterrichtsstunden so rasch wie möglich zu verlassen. So werden Gespräche und Konferenzen, die ein wichtiges Forum für den Austausch über die Probleme mit Schülern und für kollegiale Kooperation sein könnten und sollten[54], nicht nur auf das protokollarisch notwendige Minimum verkürzt, sondern möglichst direkt ans

54 Zu dem grassierenden Mangel an Beziehungsgestaltung in der Schule gehört, dass Lehrerinnen und Lehrer viel zu wenig gemeinsam über Schüler sprechen. Ein solches Sprechen ist – wenn es nicht durch Lustlosigkeit der Lehrkräfte dazu degradiert wird – alles andere als ein sinnloses Palaver (nach dem Motto: »Was mein Kollege über diesen oder jenen Schüler sagt, war mir sowieso schon klar«). Ein mit Hinhören, Achtsamkeit und gemeinsamem Nachdenken verbundenes Gespräch über einen schwierigen Schüler kann – ähnlich, wie sich Ärzte häufig über einen Patienten austauschen und davon profitieren – entscheidende Impulse geben (dazu weitere Ausführungen in Kapitel 3, 4 und 7).

Ende eines anstrengenden Vormittags gehängt, und dies nur aus dem Wunsch heraus, die Schule dann für den Rest des Tages hinter sich lassen zu können. Gerade dieses Abhaken im Eiltempo aber verstärkt wiederum die Neigung des Kollegiums, die Schule als einen Ort des Grauens wahrzunehmen. Hier schließt sich der Circulus vitiosus. Wer den Arbeitsplatz nicht als Lebensraum, sondern als Albtraum erlebt, sorgt selbst mit dafür, dass er das auch tatsächlich ist und bleibt. Hinzu kommt, dass sich Lehrkräfte und Schüler mit dieser Einstellung gegenseitig anstecken. Der Beitrag, den die Kultusbürokratien und die Kommunen zu diesem Missstand leisten, besteht darin, dass Lehrerinnen und Lehrern *in den Schulen* keinerlei adäquat ausgestattete Arbeitsplätze zur Verfügung stehen.

Ganztagsschulen als »Treibhäuser der Zukunft«

Wenige Veränderungen, deren unsere heutige Gesellschaft bedarf, drängen sich – aus einer Vielzahl ganz unterschiedlicher Gründe – derart zwingend auf wie die flächendeckende Einrichtung von Ganztagsschulen.[55] *Wer die Ganztagsschule allerdings als eine Verlängerung jenes an Wahnsinn grenzenden Verschleißprozesses konzipiert, der uns bereits jetzt in Halbtagsschulen begegnet, wird dazu beitragen, dass unser Schulsystem vollständig an die Wand gefahren wird.* Ganztagsschulen könnten – und müssen – einen Ausweg aus der Schulmisere bieten: Sie sollten das

---

55 »Angebote ganztagsschulischen Lernens müssen ausgebaut, und die Kooperation mit der Kinder- und Jugendhilfe muss weiterentwickelt werden« (Fördern und Fordern. Gemeinsame Erklärung der Bildungs- und Lehrergewerkschaften und der Kultusministerkonferenz vom 19. Oktober 2006).

Zeitvolumen erweitern, das für das Lernpensum der derzeitigen Halbtagsschulen zur Verfügung steht. Mit der Ganztagsschule darf in den theoretischen Fächern keine zusätzliche Ausweitung der Lehrpläne verbunden sein. Vorrangiges Ziel der Ganztagsschule sollte eine *massive* Ausweitung der Zeit sein, in der sich Kinder und Jugendliche mit Sport, Musik, Kunst, Tanz, Theater und mit sozialen Projekten beschäftigen.[56] Zu den wichtigsten Vorteilen der Ganztagsschule aber zählt: Nachmittagsprogramme, die sich – neben der beaufsichtigten Erledigung von Hausarbeiten – überwiegend kreativen Fächern widmen, werden den unhaltbaren Zustand beenden, dass Hunderttausende von Kindern und Jugendlichen ohne jede Förderung vollständig sich selbst und hochproblematischen Angeboten einer immer skrupelloser agierenden Medienindustrie überlassen bleiben. Die Ganztagsschule sollte für alle Beteiligten ein Ganztagsarbeitsplatz sein. Das bedeutet: Außerhalb der Schule sollten dann Schüler keine weiteren Aufgaben für den Unterricht und Lehrkräfte beruflich höchstens noch Arbeiten in geringem Umfang zu erledigen haben. Um diese Ziele, die nur gemeinsam realisiert werden können, möglich zu machen, bedarf es eines Milliardenprogramms für unsere Schulen, eines Programms, das – neben einer personellen Aufstockung – unter anderem auch erhebliche bauliche Maßnahmen erfordert, die nicht allein von den Kommunen finanziert werden können.[57]

---

56 Soziale Projekte sollten Schülerinnen und Schülern die »nützliche Erfahrung, nützlich zu sein« vermitteln (Hartmut von Hentig: Bewährung. Von der nützlichen Erfahrung, nützlich zu sein, Hanser, München 2006.

57 Die Erhaltung der baulichen Substanz von Schulen ist überwiegend Angelegenheit der Kommunen.

Ganztagsschulen sollten und müssen zu Ankerstätten für eine Reihe von weiteren Angeboten für Kinder und Jugendliche werden, die ihnen bisher meist nur nach dem Unterricht in anderen Einrichtungen offenstehen. So könnten zum Beispiel *Jugendmusikschulen* ihre zahlreichen, teilweise anspruchsvoll ausgestatteten Räume in die Ganztagsschule integrieren. Und warum bleiben die Trainingsflächen von *Sportvereinen* überwiegend unbenutzt, anstatt von Schülerinnen und Schülern mit den entsprechenden Trainerinnen und Trainern bevölkert zu sein? Die Vernetzung der Angebote von Sportvereinen und Musikschulen mit denen der Schulen muss zu einem zentralen Projekt der kommenden Jahre werden. Schulen müssen sich zu einem Lebensraum entwickeln, zu einem für Schüler, Lehrer und Eltern stimulierenden, kulturell anregenden Ort, zu einem Labor für Bildung, zu »Treibhäusern der Zukunft«.

Viele Kinder und Jugendliche brauchen aufgrund einer schwierigen Situation im privaten Umfeld oder anderer Probleme Hilfen und Angebote, die über das hinausgehen, was Schulen bisher zu bieten haben. Manche Eltern suchen Rat und Hilfe, um ihr Kind besser verstehen oder besser mit ihm umgehen zu können. Es bleibt ein Geheimnis, warum sich *Erziehungsberatungsstellen* weit verstreut irgendwo in kirchlichen oder kommunalen Gebäuden befinden anstatt unmittelbar in oder neben Schulen, so wie dies zum Beispiel an einer Münchner Schule seit Jahren mit großem Erfolg praktiziert wird. Zudem kommen viele Eltern, obwohl es dringenden Beratungsbedarf gäbe, nicht von selbst, teils aus Scham, teils aus Angst oder aus einer resignativen oder depressiven Haltung heraus. Vor allem in Haupt- und Realschulen greifen Lehrkräfte, die einen häuslichen Ansprechpartner suchen, sehr häufig ins Leere, und das meist gerade bei Fällen, von denen in der Schule die größten Probleme ausgehen.[58] Ein solcher Zustand ist inakzeptabel, auch wenn sich viele Schulen daran gewöhnt haben, apathisch damit zu leben. Schulen, die mit Problemen dieser Art konfrontiert sind, brauchen daher zwingend *Sozialarbeiter* (oder geschulte Lehrkräfte, die aber dann auch entsprechende Zeitkontingente zur Verfügung gestellt bekommen müssen), um Kontakte durch Hausbesuche herzustellen.[59] Ebenso wichtig sind stärkere und leistungsfähigere Verbindungen zwischen Schule und *kinder- und jugendpsychologischen Einrichtungen*, denen Mädchen und Jungen mit begründetem Verdacht auf eine seelische Belastung oder Störung vorgestellt werden können. Schließlich brauchen viele Schulen eine vertrauensvolle Zusammenarbeit mit *Gewaltpräventionsstellen der Polizei*. Solche Dienste erfordern auf Seiten der Polizei besonders geschulte Expertinnen und Experten, die mit den Pädagogen Lösungswege erarbeiten können, um Aggressionspotenzialen zu begegnen, denen sich manche Schulen gegenübersehen.[60]

---

58 Die Annahme, Nichterreichbarkeit von Eltern sei ein auf städtische Brennpunkte beschränktes Problem, ist ein Irrtum. Ähnliches wird mir auch regelmäßig von Schulen im ländlichen Raum berichtet.

59 Siehe dazu nochmals die diesbezüglichen positiven Erfahrungen des Leiters der Rütli-Schule, Helmut Hochschild (*Der Spiegel* 49/2006).

60 In Freiburg i. Br. besteht seit Jahren eine hervorragende, vertrauensvolle Zusammenarbeit zwischen den regionalen Schulen und einer von einem Hauptkommissar geleiteten Gewaltpräventionsstelle der Polizei. Beide Seiten treffen sich regelmäßig, um jeweils, bei Bedarf unterstützt von Referenten, ein Problem zu besprechen.

To be a teacher is to be
forever an optimist.
*Philip Bigler, »Teacher of
the Year« 1998*

3 Lehrer

Wenn es eines »Lobs der Disziplin« bedürfte, dann müsste es sich an die Adresse einiger – interessanterweise ausschließlich männlicher – Politiker aus allen Parteien richten, die sich in den letzten Jahren in pauschalierender Weise abschätzig über schulische Lehrkräfte geäußert haben. Die meisten Lehrer verrichten Schwerstarbeit und übernehmen in wachsendem Ausmaß, was Eltern immer weniger leisten: Erziehung. Sicher, wie in jedem Beruf gibt es auch unter Lehrerinnen und Lehrern schwarze Schafe. Kein Innenminister aber käme wegen immer wieder einmal vorkommender Verfehlungen einzelner Polizisten auf die Idee, seine Untergebenen öffentlich derart abzukanzeln, wie sich dies Lehrerinnen und Lehrer von Kultusministern wie auch von einem Ministerpräsidenten gefallen lassen mussten, der später Kanzler wurde. Der Schaden, den das Wort von den »faulen Säcken« angerichtet hat, ist gewaltig, nicht nur wegen der demoralisierenden Wirkung auf die Mehrheit fleißiger und engagierter Lehrkräfte, sondern vor allem deswegen, weil diese polemische Bemerkung die Lehrer für Schüler und Eltern gleichsam zum Abschuss freigab. Es bleibt das Geheimnis mancher Politiker, wie Bildung für Kinder verbessert werden soll, wenn man gleichzeitig Front gegen diejenigen macht, die diesen Prozess leisten sollen und müssen.[61]

Dass Lehrerinnen und Lehrer »faule Säcke« seien, ist genauso falsch wie die Behauptung, alle Politiker seien eine »korrupte Bande«. Differenzierte Untersuchungen meiner Arbeitsgruppe an einer größeren Lehrerpopulation in Südbaden haben ergeben, dass schulische Lehrkräfte durchschnittlich mindestens einundfünfzig Zeitstunden pro Woche arbeiten.[62] Zwei Drittel der im Zuge dieser Erhebung befragten Lehrerinnen und Lehrer zeigten eine hohe bis sehr hohe Verausgabungsbereitschaft. Zwei unabhängig voneinander durchgeführte Studien meiner Arbeitsgruppe zeigten, dass zwanzig Prozent der diensttuenden Lehrkräfte an stressbedingten Gesundheitsstörungen leiden, die nach Art und Umfang medizinisch relevant und eigentlich behandlungsbedürftig sind.[63] Dies ist nicht verwunderlich angesichts der ebenfalls durch unsere Untersuchung belegten Tatsache, dass allein im Zeitraum *eines* Jahres etwa die Hälfte aller Lehrerinnen und Lehrer während der Ausübung ihres Berufs entweder von schweren Beleidigungen und Drohungen oder sogar von tatsächlich erlittener Gewalt betroffen ist. Insofern trifft das

---

61 Zur Kritik an der systematischen Demontage des Ansehens von Lehrkräften siehe auch Matthias Kamann: Verachtung der Lehrer, *Die Welt*, 2. Dezember 2006.

62 Dies gilt sowohl für Hauptsschullehrer als auch für Gymnasiallehrer. Siehe Joachim Bauer und Kollegen: Working conditions, adverse events, and mental health problems in a sample of 949 German teachers, *International Archives of Environmental and Occupational Health*, 80: 442–449 (2007).

63 Joachim Bauer und Kollegen: Correlation between burnout syndrome and psychological and psychosomatic symptoms among teachers, *International Archives of Environmental and Occupational Health* 79: 199 (2006); außerdem: Thomas Unterbrink und Kollegen: Burnout and effort-reward imbalance in a sample of 949 German teachers. *International Archives of Environmental and Occupational Health*, 80: 433–441 (2007).

kürzlich von Bundespräsident Horst Köhler geäußerte Wort, Lehrerinnen und Lehrer seien »Helden des Alltags«[64], die reale Situation wohl weit besser als vieles, was bisher aus deutschem Politikermund über Schulpädagogen zu hören war. Von Philip Bigler, der im April 1998 von Präsident Bill Clinton im Weißen Haus als »Teacher of the Year« geehrt wurde, stammt das Wort »To be a teacher is to be forever an optimist« (Lehrer oder Lehrerin zu sein heißt allzeit Optimist zu sein).[65]

Das Erfolgsgeheimnis guten Unterrichts: die Beziehung zwischen Lehrer und Klasse

Wenige Berufe erfordern eine derart vielseitige Kompetenz wie die des Lehrers. Zu ihr gehören fachliches Können, starke persönliche Präsenz und Ausstrahlung und flexibles Reagieren auf sich ständig verändernde Situationen genauso wie intuitives Gespür, Verständnis für völlig unterschiedliche Schülerpersönlichkeiten, Widerstandskraft, Geschick bei atmosphärischem Gegenwind und – vor allem – Führung. »Lehrerinnen und Lehrer«, heißt es in einer gemeinsamen Erklärung von Gewerkschaften und der Kultusministerkonferenz, »sind Experten für

---

64 Horst Köhler, Berliner Rede vom 21. September 2006, gehalten in der Kepler-Oberschule in Berlin-Neukölln.

65 Da Optimismus nicht ausreicht, um als Lehrer gesund zu bleiben, beschäftigen sich zahlreiche Mediziner und Psychologen mit dem Erhalt der Lehrergesundheit. Von einem der führenden Experten in Deutschland, dem an der Universität Potsdam lehrenden Psychologieprofessor Uwe Schaarschmidt, wird dazu demnächst ein Buch erscheinen: Uwe Schaarschmidt/Ulf Kieschke (Hg.): Gerüstet für den Schulalltag. Psychologische Unterstützungsangebote für Lehrerinnen und Lehrer, Beltz, Weinheim 2007.

Unterricht und Erziehung. Angesichts veränderter gesellschaftlicher Bedingungen und des heute weiter gefassten schulischen Auftrages verstehen sie sich zunehmend auch als Teil eines personalen Netzwerkes, das immer häufiger getragen wird durch Kommunikation und Kooperation von Lehrerinnen und Lehrern zum Beispiel mit Schulsozialarbeitern, Sozialpädagogen, Psychologen sowie mit Eltern und Wissenschaftler/innen. Vor diesem Hintergrund ist die Einbeziehung neuer Elemente in das bestehende Berufsbild unverzichtbar.«[66] Man kann es auch weniger bürokratisch formulieren. Aus dem Munde von Frank McCourt, einem amerikanisch-irischen Schriftsteller mit dreißig Jahren Erfahrung als Lehrer, klingt es so: »Ein Lehrer muss wie ein Künstler sein. Er muss seinen eigenen Stil und seine eigene Stimme finden. Wahre Autorität ist ein Mysterium. Eine Mischung aus Persönlichkeit, Sensibilität, Wissen, Stimmung. Der Instinkt dafür, wann man Druck ausübt und wann nicht. Manche Lehrer drohen, benutzen Furcht als Mittel für ihren Unterricht. Ich glaube, dass sich Aufmerksamkeit und Disziplin bei Schülern besser durch Ermutigung herstellen lassen, durch Inspiration.«[67]

Ich vergleiche den Lehrerberuf gern mit dem des Arztes, der ein sehr ähnliches Anforderungsprofil hat: Fachliches Wissen sollte mit einer hilfreichen Art des persönlichen Auftretens verbunden sein. Einige Facharztausbildungen im Bereich der psychologischen Medizin

66 Fördern und Fordern. Gemeinsame Erklärung der Bildungs- und Lehrergewerkschaften und der Kultusministerkonferenz vom 19. Oktober 2006.

67 Frank McCourt. Interview in der Zeitschrift *emotion*, Dezember 2006. Über seine im Lehrerberuf verbrachten Jahrzehnte ist ein viel beachtetes Buch erschienen (Frank McCourt: Tag und Nacht und auch im Sommer, Luchterhand, München 2006).

beinhalten – neben der rein körpermedizinischen Qualifikation – ein spezielles Programm, in dem die Fähigkeit
trainiert wird, Beziehungen mit Patienten zu gestalten.
Da Fachärzte im Bereich der psychologischen Medizin
bereits seit Jahren sowohl junge Mediziner (im Rahmen
von Kursen) als auch erfahrene Kollegen (im Rahmen so-
genannter Balint-Gruppen[68]) in verstehender Gesprächs-
führung und Beziehungsgestaltung ausbilden, lag es nahe,
die Kompetenz psychologisch geschulter Experten auch
Lehrerinnen und Lehrern zur Verfügung zu stellen und
dieser Berufsgruppe etwas Ähnliches wie die Balint-Gruppen anzubieten. Zusammen mit qualifizierten Kollegen
(Medizinern und Psychologen) habe ich daher vor länge-
rer Zeit damit begonnen, mit Lehrerinnen und Lehrern
in sogenannten Lehrer-Coachinggruppen, die am Modell
der Balint-Gruppen orientiert sind, spezifische, die Gestaltung von Beziehungen im Lehrerberuf betreffende
Fragen und Probleme zu bearbeiten.[69] Daraus ergaben
sich wertvolle Einblicke in die ebenso anspruchs- wie ver-
antwortungsvolle Lehrerarbeit.

---

68 Michael Balint (1896–1970), ein in Ungarn geborener Arzt und Psychotherapeut,
der nach seiner Emigration (1939) in England lebte, begann Mitte des vorigen Jahr-
hunderts, Kollegen aus der Körpermedizin im Rahmen von später »Balint-Gruppen« genannten Kursen darin auszubilden, ihre Patienten ganzheitlich, das heißt
sowohl hinsichtlich ihrer körperlichen als auch ihrer seelischen Situation, zu verstehen und eine darauf abgestimmte, beide Aspekte einbeziehende Behandlung
anzustreben.

69 »Lehrer-Coachinggruppen« nach dem Freiburger Modell werden von meiner Arbeitsgruppe derzeit sowohl in Südbaden im Rahmen eines von der Bundesregierung unterstützten Projekts (»Lange Lehren«) als auch in Bayern angeboten, wo der
Bayerische Lehrerinnen- und Lehrerverband (BLLV) ein in München angesiedeltes
»Institut für Gesundheit in pädagogischen Berufen« (IGP) gegründet hat (dessen
Arbeit durch die Versicherungskammer Bayern unterstützt wird). Die Arbeit in
diesen Lehrer-Coachinggruppen orientiert sich an einem Manual, welches auch
publiziert wurde (siehe Joachim Bauer in: »Schule verändern!«, *Psychologie Heute
Compact*, Heft 16, 2007).

Der Lehrerberuf erfordert eine Balance zwischen verstehender Zuwendung und Führung. *Verstehende Zuwendung* bedeutet, den einzelnen Schüler nicht nur unter dem Aspekt seines schulischen Könnens (oder seiner schulischen Schwächen) zu sehen, sondern auch und vor allem als Person, das heißt seine Motive, sein Bemühen, sein Verhalten, seine emotionalen Stärken ebenso wie seine problematischen Seiten wahrzunehmen. Dabei vermeidet sie Kränkungen, Demütigungen und Bloßstellungen. *Führung* bedeutet die Notwendigkeit, Werthaltungen zu vertreten, Ziele zu formulieren, Schüler zu fordern, als Lehrkraft mutig zu diesen Forderungen zu stehen und Kritik zu üben, Schülerinnen und Schülern dabei aber Mut zu machen und sie in ihren Anstrengungen zu unterstützen.

Viele Lehrkräfte finden in ihrem Auftreten intuitiv eine Balance zwischen verstehender Zuwendung und Führung, andere hingegen haben damit Schwierigkeiten. Die einen verschanzen sich hinter einer starren, formalistischen, manchmal auch zynischen Führungsrolle, aus der heraus sie ihre Schüler emotional nicht erreichen und daher auch nicht motivieren. Solche Lehrkräfte haben Angst, die Kontrolle könnte ihnen entgleiten, sobald sie sich auf die menschlichen Aspekte des Unterrichtsgeschehens einlassen. Andere Lehrkräfte gehen demgegenüber unter in einer einseitig nachgiebigen, nur verstehenden »Mutter-Teresa-Position«, indem sie den Aspekt der Führung außer Acht lassen. Aus der Angst heraus, die Zustimmung ihrer Schüler zu verlieren, bemühen sie sich, diese mit nichts zu konfrontieren, was ihnen unangenehm sein könnte. Tragischerweise wird auch eine solche Haltung von Schülern in keiner Weise geschätzt und endet für die betroffenen Lehrer meistens im Desaster. Kinder und Jugendliche wollen beides: Verständnis *und* Führung.[70]

Eine ausgewogene Balance zwischen verstehender Zuwendung und Führung gelingt jenen Lehrkräften am besten, die nicht nur ihre Schüler als Person wahrnehmen, sondern sich auch selbst als Person wahrnehmen lassen, die also als »Menschen mit Eigenschaften« auftreten, das heißt *spontan und authentisch* sind. Solche Lehrkräfte stehen von der ersten Minute jeder Stunde an mit der Klasse im Kontakt. Diese ersten Minuten des Stundenbeginns sind genauso entscheidend wie die ersten Momente einer persönlichen Begegnung zwischen zwei Menschen außerhalb der Schule. Zugewandte Wahrnehmung und ein spontanes »Sich-Einlassen« prägen den weiteren Verlauf eines Kontaktes in erheblichem Maße, sei es auf einer Party, beim »Meeting« zweier Geschäftsleute oder in der Praxis eines Arztes. Dasselbe gilt für die Lehrkraft, wenn sie vor die Klasse tritt, ein Moment, in

---

70 Interessant ist, wie Lehrkräfte aus anderen Kulturen unseren Unterrichtsbetrieb erleben. Der guatemaltekische Lehrer Saul Interiano, der früher als Straßenkind lebte, hat im Rahmen eines Fortbildungsprojektes des Berliner Paolo-Freire-Instituts die Hausburg-Grundschule in Berlin-Friedrichshain besucht, eine Europa-Schule, in der je zur Hälfte deutsch- und spanischsprachige Schüler in beiden Sprachen unterrichtet werden. In seinem Bericht über seine Erfahrungen in Berlin schreibt er unter anderem: »In den Beziehungen zwischen Lehrern und Schülern gibt es Unterschiede. Deutsche Lehrer gehen auf Distanz zu den Kindern. Die spanischen und lateinamerikanischen Lehrer haben mehr Körperkontakt mit den Kindern … Der Lehrerschreibtisch scheint [bei deutschen Lehrern] nicht nur zum Ablegen von Materialien zu dienen, sondern auch als Schützengraben, der Lehrende von den Lernenden trennt … [Deutsche] Lehrer machen abwertende Bemerkungen, herabsetzende Vergleiche, sie schreien die Kinder an, um so paradoxerweise für Stille zu sorgen« (unveröffentlichtes Manuskript, 2006). In die gleiche Kerbe schlägt der kanadische Psychologe Gordon Neufeld: »Lehrer sollten sich nicht länger auf ihren Fachunterricht beschränken, sondern auf Fluren, Pausenhöfen und bei Mittagessen stärker präsent sein, um in echte Beziehungen zu ihren Schülern treten zu können« (Gordon Neufeld: Wider den Frust. *Die Welt*, 10. Februar 2007).

dem es darauf ankommt, unverzüglich den Faden aufzunehmen und die Kommunikation in Gang zu bringen, anstatt den Beginn der Stunde mit Fragen nach fehlenden Schülern oder zu Hause vergessenen Heften zu ruinieren.

Vieles, was sich zwischen Lehrkräften und Schülern im Unterricht ereignet, läuft – neben dem verbalen Dialog – über nichtverbale Kanäle, das heißt vor allem über die Stimme und die Körpersprache des Lehrers bzw. der Lehrerin. Mehr als an allem anderen erkennen Schüler an diesen nichtverbalen Zeichen intuitiv, ob die Person vor ihnen selbstbewusst agiert oder Angst hat, ratlos ist, in Deckung gehen möchte, das Ende der Stunde herbeisehnt (siehe Kapitel 4). »Ich habe Schüler immer ›heatseeking missiles‹ genannt, Raketen, die den Punkt finden, an dem sie dich treffen können«, erinnert sich der bereits zitierte Frank McCourt. »Was oft übersehen wird: Schüler sind Experten. Sie sehen Lehrer kommen und gehen. Sie schauen dich an und können dich sofort einschätzen: an der Art, wie du dich bewegst, wie du in die Klasse gehst. An der Lautstärke deiner Stimme können sie erkennen, ob du dich einschüchtern lässt oder nicht, ob sie mit dir auskommen oder dich zum Feind haben werden.«[71]

Leider kommen all diese bedeutsamen Aspekte in der Lehrerausbildung so gut wie nicht vor. »Die Leute, die uns zu Lehrern ausgebildet haben, waren Professoren an den Universitäten. Sie haben nie eine Schule von innen gesehen. Was sie reden, ist Philosophie. Nichts davon hilft einem Lehrer in der Praxis. Da heißt es nur: Das ist die

---

71 Auch dieses Zitat stammt aus dem erwähnten Interview mit der Zeitschrift *emotion*, Dezember 2006.

Klasse, gehen Sie rein.« Was McCourt hier ausdrückt, habe ich von unzähligen Lehrern in ähnlichen Worten gehört. Pädagogen mit einem Nachholbedarf in diesem Bereich, die bereits mitten in der Berufspraxis stehen, können nicht einfach nochmals auf die Universität gehen (zumal die entsprechenden Kenntnisse dort auch heute noch nicht vermittelt werden). Eine Chance für Lehrerinnen und Lehrer, hier zusätzliche Kompetenz zu erwerben, sind die bereits erwähnten, von qualifizierten Moderatoren geleiteten Lehrer-Coachinggruppen nach dem Freiburger Modell.[72] Ein Angebot für Lehrerinnen und Lehrer, das sich ebenfalls sehr bewährt hat, sind Tagesveranstaltungen, sogenannte Gesundheitstage[73], bei denen vormittags ein Impulsreferat mit anschließender Diskussion auf dem Programm steht, gefolgt von parallel laufenden Workshops am Nachmittag, die sich mit Themen wie zum Beispiel Umgang mit der Stimme (Leitung durch Stimmlehrer), Körpersprache im Unterricht (Leitung durch Schauspiellehrer) oder Umgang mit schwierigen interpersonellen Situationen (Leitung durch approbierte Psychotherapeuten) befassen.

---

72 Als qualifizierte Moderatoren solcher Gruppen können sowohl approbierte Psychologische Psychotherapeuten als auch Mediziner mit abgeschlossener psychotherapeutischer Zusatzausbildung gelten. Von Vorteil ist, wenn die Moderatoren bereits in der Leitung von Gruppen geübt sind und möglichst auch über etwas Lebenserfahrung verfügen, das heißt ihre Sturm-und-Drang-Jahre hinter sich haben.
73 Solche Gesundheitstage werden durch das bereits erwähnte Münchner Institut für Gesundheit in pädagogischen Berufen (IGP) regelmäßig durchgeführt.

Die Beziehung zu Eltern

Eltern sind integrale Teilnehmer am »System Schule«. Sie vertrauen ihre Kinder einer für sie oft undurchschaubaren Institution an, was vor allem bei Eltern, die ihre eigene Schulzeit in schlechter Erinnerung haben, vielfach zu Ängsten und zu Vorurteilen gegenüber dieser Einrichtung führt, die fortan das Schicksal ihrer Lieben mitbestimmen soll. Daher ist es von großer Bedeutung, dass Lehrkräfte den Kontakt zu den Eltern ihrer Schüler nicht meiden oder erst dann suchen, wenn bereits ernste Probleme mit einem Kind oder Jugendlichen aufgetreten sind, sondern frühzeitig auf sie zugehen, selbst wenn solche Begegnungen nicht immer erfreulich für sie waren. Auch hier gilt das Prinzip von Verstehen und Führen. Lehrer sollten sich immer wieder vor Augen halten, dass Eltern sich sehr leicht auf die Anklagebank gesetzt fühlen, wenn sie von ihnen angesprochen werden. Für beide Seiten ist es deshalb hilfreich, wenn Lehrer und Lehrerinnen Gespräche mit Eltern immer zunächst mit einem Hinweis auf den Wunsch nach einem kooperativen Zusammenwirken zum Wohle des Kindes eröffnen.

Andererseits sollten Lehrkräfte auch gegenüber Eltern Führung zeigen, was aber nicht bedeutet, anmaßend oder besserwisserisch aufzutreten, sondern ihnen selbstsicher und gelassen deutlich zu machen, dass man klare Vorstellungen davon hat, wie man seinen Unterricht zu gestalten gedenkt, welche Regeln gelten und worin die Ziele bestehen. Führung zu zeigen heißt etwa, Eltern, deren Kinder disziplinlosen Klassen angehören, auf Elternabenden und bei anderen Gelegenheiten ohne jede Aufgeregtheit, aber klipp und klar reinen Wein einzuschenken (anstatt, was vielfach passiert, die Situation in der Klasse zu beschönigen). Lehrkräfte dürfen und müssen den Eltern deutlich machen, dass kein erfolgreicher Lernprozess stattfinden kann, wenn nicht auch sie, die Eltern, nachdrücklich auf ihre Kinder dahingehend einwirken, dass im Unterricht, ebenso wie außerhalb des Klassenzimmers, soziale Regeln eingehalten werden müssen.

Bei manchen Schülerinnen und Schülern stellt sich rasch heraus, dass pädagogische Maßnahmen nicht ausreichen, sondern schwerere Störungen vorliegen, die einer fachlichen (psychologischen oder medizinischen) Behandlung bedürfen. In solchen Fällen sollten sich die in einer Klasse lehrenden Lehrkräfte zunächst untereinander (und eventuell auch mit der Schulleitung) abstimmen und sich dann freundlich bei den Eltern erkundigen, ob von deren Seite vielleicht bereits Überlegungen angestellt worden sind, das Kind von einem Spezialisten untersuchen zu lassen. Dabei kommt es bei den Eltern nicht immer, aber doch häufig zu bagatellisierenden oder verleugnenden Reaktionen. Die Schule darf dann nicht locker lassen. Wenn die Situation des Kindes eine fachliche Hilfestellung offensichtlich erfordert, sollte die Schule auch gegenüber uneinsichtigen Eltern – im Interesse des Kindes – konsequent darauf bestehen, dass diese eine Beratungsstelle aufsuchen.[74] Wenn sich Eltern einem Kontakt entziehen, ergibt sich die bereits erwähnte Notwendigkeit zu Hausbesuchen, entweder von dafür ausgebildeten Lehrkräften oder von Schulsozialarbeitern (die es derzeit aber nur an ganz wenigen Schulen gibt).

---

74 Nach Angaben des Bielefelder Sozialwissenschaftlers Klaus Hurrelmann gibt es in Deutschland etwa achtzigtausend Kinder im Alter bis zu zehn Jahren, die in verwahrlosten und verwahrlosenden Verhältnissen aufwachsen.

Beziehungen innerhalb des Lehrerkollegiums

Die sogenannte soziale Unterstützung, also Leute neben sich und hinter sich, die zu einem halten und einem den Rücken stärken, hat sich in psychologischen und medizinischen Studien als stärkster Schutz vor stressbedingten Gesundheitsbelastungen erwiesen.[75] Leider ist es meiner Beobachtung nach mit der sozialen Unterstützung innerhalb von Lehrerkollegien überwiegend nicht gut bestellt. Dies hat verschiedene Gründe. Viele Lehrerkollegien weisen unter einer von außen betrachtet unauffälligen Oberfläche Konflikt- und Spaltungslinien auf, die sozusagen den Untergrund durchziehen. Solche Risse können kreuz und quer verlaufen, zum Beispiel zwischen liberal agierenden und eher strikt auftretenden Lehrern, zwischen engagierten und der Schule eher distanziert gegenüberstehenden Pädagogen, zwischen Fachlehrern und Klassenlehrern, zwischen Männern und Frauen, zwischen Anhängern der Schulleitung und ihren Gegnern.

Von außen kommende Klagen und Beschwerden aktualisieren die latent vorhandene Spaltung innerhalb eines Kollegiums. Zu den nicht nur unvermeidlichen, sondern auch notwendigen Ereignissen in einem System wie der Schule gehören zahlreiche – leider fast nur ne-

---

75 »Unsere bisherigen Ergebnisse lassen auf einen engen Zusammenhang von gesundheitlicher Situation und sozialem Klima im Kollegium schließen. Dort, wo wir in Schulen die günstigeren Beanspruchungsverhältnisse feststellten, fanden wir ausnahmslos auch ein gutes soziales Klima vor«, schreibt Professor Uwe Schaarschmidt in seiner »Zusammenfassung der Ergebnisse des zweiten Teils der Potsdamer Lehrerstudie« (vorgelegt im Rahmen eines Abschlusskongresses am 12. Dezember 2006). Auf ein demnächst erscheinendes, von ihm herausgegebenes Buch zum Thema Lehrergesundheit sei hier nochmals hingewiesen: Uwe Schaarschmidt/ Ulf Kieschke (Hg.): Gerüstet für den Schulalltag. Psychologische Unterstützungsangebote für Lehrerinnen und Lehrer, Beltz, Weinheim 2007.

gative – Rückmeldungen an die Lehrerschaft, überwiegend von Eltern, aber auch von Schülern.[76] Auch Eltern sind, um es mit dem Autor und ehemaligen Lehrer Frank McCourt zu sagen, »heatseeking missiles«: Eltern, die gern Klagen vorbringen, wissen intuitiv, bei welcher Lehrkraft sie sich am wirksamsten über eine andere Lehrkraft beschweren können. So wird sich eine Mutter (genauso gut kann es der Vater sein), die das Gefühl hat, ihr Kind sei zu streng behandelt worden, mit sicherem Instinkt an eine Lehrkraft wenden, die der liberalen Lehrerfraktion zugehört. Umgekehrt wird ein Vater (genauso gut kann es die Mutter sein), der glaubt, sein Kind lerne bei einem liberal agierenden Lehrer zu wenig, seine Bedenken einer Lehrerin aus der Gruppe der strikteren Pädagogen hintertragen (siehe Kapitel 6). Aus diesem Grund bringen Beschwerden von Eltern die angesprochenen Lehrkräfte meistens in eine schwierige Situation, denn unter den gegenwärtigen Bedingungen verstärken sie die Tendenz, das ohnehin vorhandene Spaltungspotenzial innerhalb des Kollegiums zu aktivieren. Eine Lehrerin, die der Versuchung erliegt, dem klagenden Elternteil (»Aber bitte ganz im Vertrauen!«) zu verraten, mit dem kritisierten Kollegen habe man in der Tat schon seit längerem Probleme, gibt diesen – vielleicht ohne sich dessen bewusst zu sein – zum Abschuss frei, denn die Eltern

---

76 Dass die Schule fast nur negative Rückmeldungen erhält, ist meines Erachtens nicht nur auf die Mängel zurückzuführen, die sie offenbart, sondern auch darauf, dass unter den Einfluss der jahrelangen demagogischen Kampagnen gegen die Lehrerschaft die Kultur der Dankbarkeit unter die Räder gekommen ist. Lehrerinnen und Lehrer hören daher nur die Klagen darüber, dass sie ein Kind nicht zum Einstein gemacht haben. Einem Lehrer dafür zu danken, dass er aus einem unmotivierten, schlechten Schüler einen halbwegs guten gemacht hat, ist – leider! – zu einer seltenen Elterntugend geworden.

werden die Kunde, wiederum »ganz im Vertrauen«, dem Kind weitergeben, von dem dann »ganz im Vertrauen« die gesamte Schülerschaft erfährt, dass der angeschwärzte Lehrer auch innerhalb des eigenen Kollegiums unbeliebt sei und daher keinen Respekt verdiene.

Kollegien, in denen der eine oder die andere den von außen kommenden »Spaltungsangeboten« erliegt, paralysieren sich so Stück für Stück selbst, denn ein solcher Prozess der gegenseitigen Zerstörung macht vor keinem Kollegen halt. Nun kann und darf sich eine Schule aber gegenüber Kritik auch nicht abschotten. Jede Beschwerde muss ernst genommen werden. Was also tun? Eine professionelle Lösung muss zwei Komponenten enthalten: Zum einen muss für alle Kollegen und Kolleginnen gelten, dass sie Kritik von Eltern, und sei sie noch so drängend und aufgeregt vorgetragen, dankend, aber mit unbeugsamer Neutralität entgegennehmen. Zum anderen muss aber gewährleistet sein, was ich selbst noch bei keiner Schule erlebt habe: ein funktionierender, den Anforderungen eines Qualitätsmanagements (QM) entsprechender Umgang mit Klagen (siehe Kapitel 6). Ein professionelles, an QM-Standards ausgerichtetes Prozedere erfordert, dass die jeweils angesprochene Lehrkraft die Beschwerden protokolliert und dass ein kleines, möglichst vom Kollegium gewähltes Vertrauensgremium diese Protokolle abarbeitet, indem es mit den Betroffenen Rücksprache nimmt. Ein solches Verfahren hätte zweierlei zur Folge: Erstens ermöglichte es Schulleitungen, sich im Gespräch mit Lehrkräften, die wiederholt wegen tatsächlicher Mängel auffallen, auf dokumentierte Vorfälle zu stützen, was den Verdacht entkräftete, dass nicht gerechtfertigte Vorwürfe erhoben würden. Zweitens aber würde es vor allem dazu führen, dass leichtfertig und in denunziatorischer Absicht vorgetragene Vorwürfe innerhalb kurzer Zeit unterblieben, weil sich jede klagende Person bewusst sein müsste, dass ihre Äußerungen nicht mehr den Weg der Intrige nehmen können, sondern auf den Tisch kommen und geklärt werden.

Es gibt mehrere Arten, ein guter Lehrer zu sein

Die Unterstützung, die sich Lehrerinnen und Lehrer in einem Kollegium gegenseitig geben sollten, lässt sich jedoch allein durch bürokratische Maßnahmen (wie zum Beispiel die QM-Prozedur im Umgang mit Elternkritik) nicht erreichen. Die Spaltungslinien innerhalb eines Lehrerkollegiums werden durch von außen kommende Interventionen ja nicht *verursacht*, sondern lediglich aktualisiert. Sie bestehen fortwährend und kosten die Lehrerschaft einer Schule – wegen der durch Konflikte hervorgerufenen Reibungen – eine Menge Kraft. Die folgenreichste Spaltungslinie wird in den meisten Kollegien durch die unterschiedlichen pädagogischen Stile der Lehrkräfte erzeugt. Etwas verkürzt ausgedrückt: In der Regel klafft der größte Graben innerhalb der Lehrerschaft zwischen den eher konservativ eingestellten, im Unterricht vorwiegend strikt und bestimmend agierenden Lehrkräften einerseits und den liberaler gesinnten, im Unterricht eher gewährend und etwas lockerer agierenden Lehrkräften andererseits. Zwischen diesen beiden »Parteien« entwickeln sich in unzähligen Schulen regelrechte Grabenkämpfe, wobei es zum Beispiel um derart weltbewegende Fragen ging und geht, ob es Schülern erlaubt werden darf oder verboten werden muss, während des Unterrichts eine Wasserflasche auf den Tisch zu stellen und daraus zu trinken, oder ob Jungs ihre Rapper-Wollmützen abnehmen müssen oder nicht.

Eine Schule muss über einen Kanon von Regeln verfügen, den alle *gemeinsam* vertreten.[77] Gleichzeitig müssen aber Freiräume erhalten bleiben, die es jeder Lehrkraft ermöglichen, *ihren* Unterricht *in ihrem persönlichen Stil* zu gestalten, weil dies nun einmal der beste Unterricht ist, den *sie* machen kann. Wenn ein Lehrer, der im Unterricht bestimmend auftritt, dabei aber in regem Kontakt mit seinen Schülern steht und insoweit gut zurechtkommt, plötzlich gezwungen wird, etwas zuzulassen, was sein Konzept zerstört, wird er nicht mehr *seinen* optimalen Unterricht abhalten können. Umgekehrt gilt das Gleiche für eine gewährend unterrichtende Lehrerin, die ihre Schüler damit aber trotzdem gut an der (Aufmerksamkeits-)Leine führt. Wer ihr plötzlich ein autoritäres Regime aufzwingen wollte, würde *ihren* Unterricht ruinieren. Spielräume für eine individuelle Art der Arbeitsgestaltung sind ein entscheidender Schutzfaktor gegen Burnout.[78] *Der bedeutendste Beitrag, den Lehrerinnen und Lehrer innerhalb ihres Kollegiums zur Kollegialität und zur gegenseitigen sozialen Unterstützung leisten können, besteht daher darin, anzuerkennen, dass es nicht nur eine,*

---

77 Zu einem solchen Kanon sollten meines Erachtens unter anderem die folgenden Regeln gehören: Höflichkeit und Hilfsbereitschaft; Verzicht auf Gewalt und – vor allem – auch auf die Androhung von Gewalt; Verzicht auf demütigende Beschimpfungen und Herabwürdigungen anderer (von Schülern, aber auch Lehrern); keine Handys und keine Privatmedien im Unterricht.

78 Die Einengung von Berufstätigen durch bis ins Detail gehende Vorschriften bei gleichzeitig hoher Belastung (»high demand – low influence«) hat sich in Untersuchungen als ein wichtiger Burnout-Faktor herausgestellt.

sondern mehrere Arten gibt, ein guter Lehrer zu sein. Die Befürchtung, im Unterricht bestimmend auftretende Lehrer ruinierten die Seelen der Kinder, ist genauso unberechtigt wie die Annahme, dass liberal agierende Lehrer ihren Schülern nichts beibringen. Nicht das Maß an Strenge oder Liberalität entscheidet darüber, ob ein Unterricht gut ist, sondern die Frage, ob die Lehrkraft Kontakt mit den Schülern herstellen und ihre Aufmerksamkeit binden kann.

Selbstbewusstsein

Im Rahmen der Projekte, die ich mit Lehrern mache, höre ich immer wieder einmal eine Bemerkung wie: »Was ich bei einem Abendessen oder auf einer Party am meisten fürchte, ist die Frage nach meinem Beruf. Wenn ich dann sage, dass ich Lehrer(in) bin, kollabieren bei den anderen erst mal die Gesichtszüge. Und oft kommt es dann zu einer Diskussion über die angebliche Unfähigkeit der Lehrer. Dann ist der Abend für mich gelaufen.« Dass sich Angehörige eines Berufsstandes, in dem derart viel geleistet wird, so etwas gefallen lassen müssen, ist bedenklich und geht vor allem auf das Konto einiger Politiker, die sich die erwähnten pauschalierenden polemischen Äußerungen geleistet haben. Wenn Lehrerinnen und Lehrer einer solchen Situation jedoch defensiv begegnen und auf die Frage nach ihrem Beruf – wie es häufig passiert – zum Beispiel antworten: »Ich bin Philologe« oder »Ich bin Mathematiker«, dann machen sie das Falsche. Besser wäre eine Antwort wie: »Ich bin Pädagoge mit Leib und Seele, ich unterrichte … (dieses oder jenes) und plage mich seit

Jahren mit den schwierigen Kindern ab, die uns die Eltern und die Gesellschaft in die Schule schicken. In vielen Fällen gelingt es mir, aus hoffnungslosen Fällen ziemlich gute Schüler zu machen! Das ist mein Job!« Wenn das Gegenüber nach einer solchen Antwort nicht einschwenkt, sondern sich zu spöttischen Bemerkungen hinreißen lässt, würde ich wohl so etwas sagen wie: »Nehmen Sie es nicht persönlich, aber ich glaube, Sie kennen die heutigen Verhältnisse in den Schulen nicht gut genug.« Auch Lehrer haben das Recht, sich zu empfehlen, wenn sie dumm angesprochen werden, und sich einem erfreulicheren Gesprächspartner zuzuwenden.

Gerade im Lehrerberuf ist es aber leichter gesagt als getan, solchen Anfechtungen standzuhalten. Man kann nicht emotionslos und zugleich ein guter Lehrer sein. Darin unterscheidet sich dieser Beruf von vielen anderen, weil er zu den wenigen gehört, bei denen die »Berufung«, also eine gewisse Hingabe und Identifikation mit der Aufgabe, noch eine Rolle spielt. Gerade hier liegt aber auch eine Gefahr, die für viele Lehrkräfte zum Ausgangspunkt gesundheitlicher Probleme wird: die Gefahr der Überidentifikation. Pädagogen, die sich ihrer Arbeit mit Herzblut widmen, stecken es nicht einfach weg, wenn sie sehen, dass Schüler, um die sie sich bemühen, sich ungünstig entwickeln, in der Leistung nachlassen oder ihnen gar mit offener Aggression entgegentreten. Das Gleiche gilt, wenn erboste Eltern – oft ohne ausreichend geprüft zu haben, ob ihre Vorwürfe gerechtfertigt sind – auf den Plan treten. Der »typische« Weg in eine Erkrankung beginnt bei Lehrern mit einer jahrelangen Vorphase hoher Verausgabungsbereitschaft, begleitet von einem entsprechend hochgefahrenen biologischen Stresssystem. Den gesundheitlichen Einbruch markiert dann – irgendwann nach vielen Jahren – ein akutes Ereignis, in der Regel ein durch Vorwürfe von Eltern-, Kollegen- oder Vorgesetztenseite ausgelöster schwerer Konflikt, welcher der betroffenen Lehrkraft das Gefühl gibt, die ganzen langjährigen Anstrengungen seien im Grunde sinnlos gewesen. Am Beginn einer Erkrankung[79], die dann nicht selten mit dem Ausscheiden aus dem Beruf endet, steht fast immer eine solche »Gratifikationskrise«[80].

Gesund bleiben im Beruf: Engagement und die Fähigkeit, Distanz zu wahren

Um sich vor solchem Verschleiß zu schützen, ist es für Lehrkräfte wichtig, die gesundheitlichen Risiken zu erkennen, die sich aus einer über Jahre aufrechterhaltenen, fast grenzenlosen Verausgabungsbereitschaft ergeben können. Viele Menschen – auch viele Lehrerinnen und Lehrer – gehen in ihrer beruflichen Aufgabe derart begeistert

---

79 Meistens handelt es sich um Depressionen. Bei Lehrern/Lehrerinnen, die bedroht wurden, kommt es auch oft zu Angstattacken oder posttraumatischen Störungen. Ebenfalls häufig sind stressbedingte Herz-Kreislauf-Erkrankungen, Tinnitus oder chronische psychosomatische Schmerzsyndrome.

80 Um Motivation aufrechterhalten zu können, brauchen Menschen für alles, was sie tun, eine Belohnung, eine Gratifikation. Die bedeutendste ist – siehe die Ausführungen zu den biologischen Motivationssystemen in Kapitel 1 – die erhaltene Anerkennung. »Effort« (Verausgabung) und »reward« (Gratifikation) müssen sich in etwa die Waage halten. Eine »effort-reward imbalance« bzw. eine »Gratifikationskrise« birgt – dies gilt für alle Berufstätigen – ein nachgewiesenes Erkrankungsrisiko. Wir stellten in eigenen Untersuchungen fest, dass zweiundzwanzig Prozent der diensttuenden Lehrkräfte sich in einer Situation befinden, die einer deutlich ausgeprägten »effort-reward imbalance« entspricht, siehe Thomas Unterbrink und Kollegen: Burnout and effort-reward imbalance in a sample of 949 German teachers. *International Archives of Environmental and Occupational Health*, 80: 433–441 (2007).

auf[81], dass sie verlernt haben zu spüren, wo und wann ihr Körper an der Grenze seiner Belastbarkeit angekommen ist. Sie schieben, manchmal über Monate oder Jahre, ein Schlafdefizit vor sich her, unterlassen die notwendigen kleinen Regenerationen im Alltag[82] und haben oft über lange Zeit keinen richtigen Urlaub mehr gemacht. Viele sagen von sich selbst, sie spürten, dass sie die Fähigkeit abzuschalten verloren haben. In einem Beruf, in dem es darauf ankommt, ein inneres Engagement dreißig Jahre oder länger durchzuhalten, sollte man von Anfang an bewusst darauf achten, nicht in eine solche Verschleißsituation zu geraten. Engagement für den Beruf ist gut, es muss aber durch die Fähigkeit ausgeglichen werden, immer wieder Abstand zu gewinnen und etwa als Schulpädagoge zu erkennen, dass man selbst mehr ist als nur Lehrer, dass man nicht identisch ist mit der Schule, mit dem Zustand seiner Klasse oder den Leistungen der unterrichteten Kinder. Worauf es also – neben dem erforderlichen Engagement – zu achten gilt, ist Distanzierungsvermögen. Wer über beides verfügt, bleibt widerstandsfähig.

Was die Verausgabungsbereitschaft und die Identifikation mit dem Beruf angeht, so gibt es in jedem Lehrerkollegium – wir haben dies in unseren Untersuchungen regelmäßig bestätigt gefunden – drei Fraktionen[83]: zum

---

81 In der Heidelberger Schule um den früheren Psychiater Hubert Tellenbach gab es für diesen Zustand einmal den schönen Begriff »Pflichtrausch«. Er lässt anklingen, worum es bei diesen Menschen geht, nämlich um eine (Arbeits- und Beschäftigungs-)Sucht.

82 Zum Beispiel Sport, Musik, Singen, Basteln, Spielen, gemeinschaftliche Aktivitäten, Entspannungs- und Meditationsübungen.

83 Die hier dargestellte Typologie bezieht sich auf die von Uwe Schaarschmidt, Ordinarius am Institut für Psychologie an der Universität Potsdam, beschriebenen »Arbeitsbezogenen Verhaltens- und Erlebensmuster« (AVEM).

einen jene mit einer guten Balance zwischen beruflichem Engagement und der Fähigkeit, auf Distanz zu gehen (Typ G wie: gesund); dann jene, die sich stark identifizieren und verausgaben, ohne auf eine ausreichende Regeneration zu achten (Typ A wie: Anspannung); und schließlich eine dritte Gruppe von Lehrkräften, die aus Angst, einem Verschleißprozess anheimzufallen, dem sie nicht gewachsen sein könnten, von vornherein kein Engagement entwickeln (Typ S wie: Schutzhaltung). Eine solche ängstliche Einstellung schützt allerdings *nicht* vor beruflichem Verschleiß, denn auch Anspannung und Abwehr gegenüber der beruflichen Sphäre kosten Kraft. Noch bedeutsamer aber ist, dass sich Berufstätige, die ängstlich-defensiv agieren und sich nicht mit ihrer Aufgabe identifizieren, um jene emotionale Befriedigung bringen, die Arbeitspsychologen als »Flow«-Gefühl bezeichnet haben, eine Erfahrung, die Verhaltenspsychologen auch »Selbstwirksamkeitserleben« und psychodynamisch orientierte Psychotherapeuten »Funktionslust« nennen. Wer im Beruf mit angezogener Handbremse fährt, wer sich auf eine Aufgabe innerlich nicht wirklich einlassen kann, der wird auch nie erleben, was für jeden Berufstätigen ein unerlässlicher Teil von Gratifikation ist: den »Kick« beruflichen Erfolgs.

Identität: Die Person sein dürfen, die man ist

Um ihre Gesundheit zu erhalten, sollten Lehrkräfte – neben der Balance zwischen Engagement und Distanzierungsfähigkeit – noch eine weitere Balance im Auge behalten, nämlich die zwischen der notwendigen Anpassung ihres Verhaltens an die von ihnen geforderte Rolle auf der einen und ihrer persönlichen Identität und Authentizität auf der anderen Seite. Es kann kein Zweifel bestehen: Lehrkräfte haben die Würde des Schülers zu achten, das heißt, sie dürfen das Kind bzw. den Jugendlichen kritisieren, aber nicht herabwürdigen und selbstverständlich nicht körperlich strafen.[84] Ein fataler Irrtum ist jedoch die Auffassung, Schüler wollten einen »politisch korrekten« Lehrer, also einen »Menschen ohne Eigenschaften«, der keine Ecken und Kanten hat und keine (positiven wie negativen) Emotionen offenbart. Lehrer dieses Typs bedeuten das Ende der Bildung, denn von solchen »Neutralitätsmaschinen« geht nichts mehr aus, sie haben keine Ausstrahlung und erzeugen deshalb im Schüler auch keine Motivation.

Schüler brauchen Lehrer, die auch Gefühle zeigen können, die sich für eine Sache begeistern und an etwas (auch am Erfolg der Schüler) freuen können. Zugleich sollten Lehrkräfte aber auch klare Grenzen setzen und notfalls nachdrücklich auf deren Einhaltung bestehen können, damit Schülerinnen und Schüler spüren, wann sie erreicht sind. Die Gabe, im Beruf echt und authentisch zu sein, erhöht nicht nur die pädagogische Ausstrahlung, sie ist zugleich auch ein die eigene Gesundheit erhaltender Faktor.[85]

---

84 Leider unterlaufen Lehrkräften in der Anspannung des Alltags, meist ohne bewusste Absicht, sehr leicht zynische, bloßstellende oder demotivierende Äußerungen. Mir zu Ohren gekommene Beispiele: »Eines kann ich euch schon jetzt am Schuljahresbeginn sagen: Ein Drittel von euch wird es nicht schaffen!« oder »Klar, von dir habe ich nichts Klügeres erwartet!«

85 Natürlich sind Grenzen der Authentizität zu beachten: Sie darf sich nur auf das beziehen, was die Beziehung zwischen Lehrkräften und Schülerschaft betrifft. Lehrkräfte dürfen ihre persönlichen Probleme und Sorgen nicht in den Unterricht tragen. Ebenso dürfen sie natürlich nicht Zorn oder emotionale Spannungszustände, die nur mit ihrer privaten Situation zu tun haben, im Unterricht ausagieren. Lehre-

Ich fürchte allerdings, dass Kultusbürokratien und Schulverwaltungen, aber auch manche Eltern mit einem zunehmend verschärften Kontrollsystem das Verhalten der Lehrerschaft letztendlich auf einen Zustand der »identitätslosen Unangreifbarkeit« einpegeln werden. Wenn Lehrerinnen und Lehrer für jeden echten persönlichen Akzent, den sie in der Klasse setzen, vorgeführt und kritisiert werden, wird die Folge sein, dass sie sich immer mehr innerlich abschotten und »Unterricht nach Vorschrift« machen. Eine größere Gefahr für die Zukunft der Schule kann ich mir kaum vorstellen. Wie sagte Frank McCourt? »Ein Lehrer muss wie ein Künstler sein!«

Schüler verstehen heißt: Lehrer müssen miteinander über Schüler sprechen

Gute Psychotherapeuten treffen sich regelmäßig mit Kollegen und Kolleginnen zu sogenannten Intervisionsgruppen, in denen sie ihre eigenen Schwierigkeiten und ihre Problemfälle – ohne Nennung von Namen – miteinander besprechen. Immer wieder erleben die Teilnehmer solcher Gruppen folgenden Ablauf: Ein Therapeut versteht nicht, warum seine Patientin keine Fortschritte macht, und trägt den Fall daher der Gruppe vor. Die Kollegen denken darüber nach, stellen Fragen und haben Einfälle, die sie äußern. Für den betroffenen Therapeuten ergibt sich daraus oft ein neues Bild. Und siehe da: In den darauf folgenden Stunden macht die Patientin/der Patient – oft

rinnen und Lehrer, die spüren, dass sie aufgrund ihrer Lebenssituation hier zwischen Privatleben und Unterricht nicht mehr trennen können, sollten sich dringend professionell beraten lassen.

ohne dass der Therapeut es sich erklären kann – auf einmal Fortschritte. Auch gute Ärzte beraten sich, wenn ein Fall schwierig ist, im sogenannten Konsilium. Was machen Lehrerinnen und Lehrer?

Unter dem Gesichtspunkt einer optimalen Reaktion der Lehrerinnen und Lehrer ist es ein wichtiger Unterschied, ob sie eine einigermaßen zutreffende Vorstellung davon haben, *warum* bzw. *in welchem Zusammenhang* ein Schüler oder eine Schülerin im Unterricht ein zum Beispiel apathisches oder kasperiges, ein destruktives oder aggressives Verhalten entwickelt. Lehrkräfte, die den Hintergrund erahnen, warum ein Schüler gerade jetzt plötzlich sein Verhalten in auffälliger Weise ändert, finden auch leichter einen Weg, damit angemessen umzugehen, das heißt eine Antwort, die den Druck aus der Situation nimmt und den Schüler wieder in sein Gleichgewicht zurückfinden lässt. Bei der Aufgabe, mehr oder weniger schwierige Schüler zu verstehen, ist jedoch ein Lehrer, der dies im Alleingang versucht, meistens ebenso überfordert wie ein ohne kollegialen Austausch arbeitender Psychotherapeut oder Arzt. Dies ist verständlich, denn eine Lehrkraft, die sich mit solchen Problemen konfrontiert sieht, ist davon zumeist emotional betroffen, oft massiv angespannt und von ihrem Nachdenken darüber erheblich absorbiert (Lehrer, die ernsthafte Schwierigkeiten mit Schülern völlig kaltlassen, sind keine guten Lehrer).

Eine wichtige Hilfe für den Umgang mit schwierigen Schülerinnen und Schülern ist, dass Lehrkräfte – es sollten jeweils mindestens sechs sein – in regelmäßigen Abständen (zum Beispiel ein- bis zweimal im Halbjahr) über jedes einzelne Kind, über jeden einzelnen Jugendlichen miteinander sprechen, Informationen und Erfahrungen austauschen, Ideen vorbringen und gemeinsam Überlegungen anstellen. Die Schilderung der Verhaltensweisen eines Schülers löst in jeder zuhörenden Lehrkraft – unabhängig davon, ob sie ihn aus dem eigenen Unterricht kennt oder nicht – eine Resonanz aus, die zu überraschenden Einfällen führen kann. Werden diese zusammengetragen, ergeben sich oft frappierend neue Einsichten und Lösungsansätze. Wo solche Perspektiven nicht im gemeinsamen Nachdenken erarbeitet werden, bezahlen Lehrkräfte einen hohen Preis: Sie reiben sich an schwierigen Kindern auf, bis sie krank werden.

Das dringend nötige gemeinsame Sprechen von Lehrkräften über Schülerinnen und Schüler findet leider viel zu wenig statt. Aus Gründen, die mit der permanenten Hetze und mit den Aversionen gegenüber dem Ort Schule zu tun haben (siehe Kapitel 2), kommt es dazu meist nur zwischen Tür und Angel – oder eben dann, wenn wieder einmal irgendwo irgendeine Wahnsinnstat passiert ist. Als Lehrerschaft systematisch in regelmäßigen Abständen über jeden einzelnen Schüler zu sprechen kostet Zeit, doch dies *nicht* zu tun kann weit mehr Aufwand verursachen. Probleme »schmoren« zu lassen, für die sich im *gemeinsamen* Nachdenken Lösungen finden ließen, belastet nicht nur den Unterricht, sondern vor allem die Gesundheit von Lehrerinnen und Lehrern.

Was Lehrer krank macht, ist ihr Einzelkämpfertum. »Viele Lehrer haben Angst, ihren Unterricht zu öffnen und sich anderen anzuvertrauen, wenn es schlecht läuft. Hier ist ein partnerschaftliches Verhalten der Schulleitung gefragt. Doch so verstandene Personalführung und Teamentwicklung sind leider nicht die Norm«, so Uwe Schaarschmidt von der Universität Potsdam, einer der

Pioniere der Lehrergesundheitsforschung in Deutschland.[86] Zu den Möglichkeiten des Austausches gehört auch, dass sich – am besten einander freundlich zugewandte – Kollegen und Kolleginnen gegenseitig beim Unterricht besuchen, nicht als Kontrollinstanzen, sondern im Gegenteil in der Absicht, etwas darüber zu erfahren, wie das eigene Tun oder eine Unterrichtssituation von einem nicht direkt Beteiligten wahrgenommen wird. Solange der Trend der Schulaufsichtsbehörden jedoch in Richtung verschärfter Kontrollen geht und bei den Lehrkräften ein Klima der Angst verstärkt wird, kann es unter ihnen keine Entwicklung zu mehr kollegialer Offenheit und gegenseitiger Hilfe geben.

86 Uwe Schaarschmidt. Interview mit Martin Spiewak, *Die Zeit*, 14. Dezember 2006.

Lehren heißt lernen.
Chinesisches Sprichwort

4 Berufswahl und Lehrerausbildung

Wer bereits bei Studienbeginn vor allem auf der Suche nach einer sicheren Stelle ist, der sollte nicht Lehrer werden! Auch wer sich nur wegen einer Begabung oder Neigung zu diesem oder jenem Fach für diesen Beruf entscheidet, verspielt sein Lebensglück, denn er wird, nachdem er jahrelang unzählige Kinder und Jugendliche frustriert hat, wahrscheinlich vorzeitig wegen Krankheit in den Ruhestand gehen müssen. Das Glück, zufrieden auf ein anstrengendes, aber gelungenes Berufsleben zurückzublicken, wird ihm versagt bleiben. Etwa ein Drittel aller Lehrer scheidet, überwiegend wegen psychischer und psychosomatischer Erkrankungen, viele Jahre vor Erreichung der Altersgrenze vorzeitig aus dem Beruf.[87]

Unbestritten ist: Wer Lehrerin oder Lehrer werden will, sollte ein Fach – oder mehrere – lieben und gut darin

---

87 Die Raten vorzeitiger Pensionierung lagen noch vor wenigen Jahren einige Zeit bei knapp unter fünfzig Prozent, kurzfristig sogar darüber. Dass Lehrerinnen und Lehrer, die vorzeitig in den Ruhestand gehen, den Dienst überwiegend wegen psychischer und psychosomatischer Gesundheitsstörungen quittieren müssen, ergab eine Studie des seinerzeit an der Universität Erlangen/Nürnberg tätigen Mediziners Andreas Weber (siehe unter anderem Andreas Weber und Kollegen: Frühinvalidität im Lehrerberuf. Sozial- und arbeitsmedizinische Aspekte, *Deutsches Ärzteblatt* 101: 712, 2004).

sein, *muss* darüber hinaus aber einige weitere Voraussetzungen mitbringen: Lebensfreude, Kontaktfreudigkeit, ein »Händchen« für den Umgang mit Menschen, Liebe zu Kindern oder Jugendlichen, möglichst auch einen gewissen Sinn für Humor. Wer über all diese Eigenschaften *nicht* verfügt und trotzdem Lehrer werden will, sollte – die makabre Zuspitzung sei hier erlaubt – eine stark ausgeprägte und stabile masochistische Seite haben und bereit sein, jahrelang zu leiden, ohne zu klagen. Doch im Ernst: Man sollte sich nicht blauäugig auf einen derart herausfordernden Beruf einlassen, wenn man ihm nicht gewachsen ist.

Wer am Anfang seiner Berufsausbildung steht und den Lehrerberuf in Erwägung zieht, kann sich anhand eines seit kurzem verfügbaren Fragebogens zur Selbsteinschätzung[88], den jeder im stillen Kämmerlein für sich ausfüllen kann, einen Überblick verschaffen, ob er (oder sie) sich hinreichend für diese Aufgabe eignet. Auch Fremdeinschätzungs-Fragebogen liegen inzwischen vor.[89] Allerdings sind *Fremd*einschätzungen, auch solche im Rahmen von Eignungstest oder sogenannten Assessments, alles andere als unproblematisch, denn ihre Ergebnisse hängen nicht nur vom Kandidaten, sondern ebenso von denen ab, die die Einschätzung vornehmen. Im Bereich des Assessment-Geschäfts sind – ganz ähnlich wie auf dem Feld der Unternehmensberatung[90] – vielfach

---

88 Dieser Fragebogen wurde von Professor Uwe Schaarschmidt, Institut für Psychologie der Universität Potsdam, entwickelt und kann, da er noch nicht im Handel erhältlich ist, dort angefordert werden (Susanne Herlt und Uwe Schaarschmidt: Fit für den Lehrerberuf? – Selbsteinschätzung).

89 Susanne Herlt und Uwe Schaarschmidt: Fit für den Lehrerberuf? – Fremdeinschätzung.

90 Siehe Thomas Leif: Beraten und verkauft. McKinsey & Co. – der große Bluff der Unternehmensberater, Bertelsmann, München 2006.

Leute tätig, die nicht über die notwendige Qualifikation und Praxis- bzw. Lebenserfahrung verfügen, um Einschätzungen anderer Personen durchzuführen.[91] Hinzu kommt, dass sich junge Leute, die gerade das Abitur hinter sich gebracht haben, noch entscheidend weiterentwickeln können. Daher bin ich gegenüber dem Vorschlag, man solle Lehramtsstudenten am Beginn des Studiums einem »Assessment« unterziehen, etwas zurückhaltend.[92]

Die Kunst, in der Manege zu bestehen

Der Auftritt eines Lehrers/einer Lehrerin in der Klasse gleicht in gewisser Weise dem eines Löwen- oder Tigerbändigers in der Manege. Um in diesem Bild zu bleiben: Bildete man Dompteure so aus, wie wir derzeit in Deutschland Lehrer ausbilden, hätten sie keine Chance, lange zu überleben. Der Grund: Man würde die Ausbildung darauf beschränken, dem angehenden Dompteur mit allerlei Informationen über die Zoologie der Raubkatzen zu versorgen, zum Beispiel, welche Stadien der Entwicklung sie durchlaufen, während sie aufwachsen, wann und warum sie welches Futter fressen, dass sie scharfe Zähne und dicke Felle haben. Man würde ihm erzählen, wie hoch sie springen können und – natürlich –

---

91 Im Falle von Uwe Schaarschmidt, einem exzellenten, erfahrenen Psychologen und Pionier der Lehrergesundheitsforschung, ist diese Qualifikation selbstverständlich gegeben.

92 Bedenkenswert ist allerdings der im Dezember 2006 eingebrachte Vorschlag der schleswig-holsteinischen Ministerin für Bildung und Frauen und Landtagsabgeordneten Ute Erdsiek-Rave, Eignungstests am Ende des ersten Studienabschnitts durchzuführen.

welche Kunststücke sie beherrschen sollen. Dann brächte man ihm noch das eine oder andere über den Zirkusbetrieb und die dort geltenden Vorschriften bei – und fertig wär der frischgebackene Dompteur! Ein paar Dinge allerdings hätte er nicht gelernt: wie man in der Manege mit Raubkatzen umgeht, wie man ihnen begegnet, mit ihnen arbeitet, auf welche Zeichen man zu achten hat, welche Zeichen man ihnen geben muss und wie man brenzlige Situationen meistert.

Natürlich ist die Kunst, Kinder und Jugendliche durch anspruchsvolle Lernprozesse zu führen, etwas vollständig anderes als die Kunst des Dompteurs, fauchende Dschungelbewohner durch Feuerreifen springen zu lassen. Was ich deutlich machen wollte: Lehramtsaspiranten erfahren vieles über die Fächer, die sie unterrichten sollen, und sogar einiges über die Entwicklungspsychologie des Kindes. Was ihnen aber fehlt – und dies haben mir nicht nur Lehramtsstudenten am Ende ihres Studiums, sondern auch Hochschuldozenten, die Lehrer unterrichten, bestätigt –, ist ein praktisches, anwendbares Wissen darüber, worauf es in der Klasse selbst ankommt: ein Wissen über die Gestaltung von Beziehungen, über die Art, als Lehrkraft wirksam aufzutreten und die Aufmerksamkeit der Schüler zu binden, über die Fähigkeit, die in der Klasse ablaufenden dynamischen Vorgänge wahrzunehmen und auf konstruktive Beiträge wie auf Störungen angemessen und wirksam zu reagieren (siehe dazu auch Kapitel 3).[93] Was kürzlich in einer Erklärung von

---

93 »Lehrer«, so die bereits zitierte Äußerung des kanadischen Psychologen und Buchautors Gordon Neufeld, »sollten sich nicht länger auf ihren Fachunterricht beschränken, sondern in echte Beziehungen zu ihren Schülern treten können« (*Die Welt*, 10. Februar 2007).

Lehrerverbänden und Kultusministerkonferenz gefordert wurde (»Es gilt eine Entwicklung zu befördern, die es den Lehrkräften ermöglicht, sich stärker auf den einzelnen Schüler und die einzelne Schülerin zu konzentrieren«), hat noch keinen Eingang in die Lehrerausbildung gefunden.[94]

Studenten, die sich auf den Lehrerberuf vorbereiten, sollten sich nicht nur mit den Themen ihrer Fächer beschäftigen, sondern auch – und das findet in ihrer regulären Ausbildung bislang noch nicht statt – mit Fragen wie: Was sind die Komponenten einer zwischenmenschlichen Beziehung?[95] Welche Einflussmöglichkeiten habe ich als Lehrer oder Lehrerin, im Unterricht eine gelingende Beziehung mit der Klasse zu gestalten? Wie erkenne und deute ich die (offenen und verdeckten) Signale, die von der Klasse ausgehen? Was sind die (meist unbewussten) Motive von Kindern, die sich störend oder destruktiv verhalten? Welche Rolle spielt die Art meines Auftretens? Was sind meine (offenen oder verdeckten) verbalen und körpersprachlichen Signale, mit denen ich Einfluss auf das Verhalten der Kinder nehmen kann?

Ich habe es bereits im vorigen Kapitel erwähnt: Lehrerinnen und Lehrer beeinflussen die Aufmerksamkeit und das Verhalten von Schülern nicht nur durch das, was sie *sagen*, sondern ebenso durch die Signale, die von ihrer *Körpersprache* ausgehen, von ihrer Haltung, ihren

---

94 Das Zitat entstammt der Gemeinsamen Erklärung der Bildungs- und Lehrergewerkschaften und der Kultusministerkonferenz (»Fördern und Fordern«) vom 19. Oktober 2006.

95 Siehe dazu das Manual für »Lehrer-Coachinggruppen« nach dem Freiburger Modell: »Schule verändern!« *Psychologie Heute Compact*, Heft 16 (2007). Auf die Komponenten einer zwischenmenschlichen Beziehung gehe ich in meinem Buch »Prinzip Menschlichkeit« ausführlich ein (Hoffmann und Campe, Hamburg 2006).

Bewegungen und ihrer Mimik.[96] Auch dies ist ein vollständig vernachlässigter Aspekt der Ausbildung. Deshalb fasse ich im folgenden Abschnitt einige Anhaltspunkte zur Selbsteinschätzung zusammen.

Zwölf Hinweise zum Auftreten von Lehrkräften

• Prüfen Sie, ob Ihr inneres Gefühl Ihnen sagt, dass Sie »da sind« und dass Sie wahrgenommen werden wollen. Vom »Zu sich stehen« und »Auftreten« gehen Signale aus, die von Schülerinnen und Schülern wahrgenommen werden. Zeigen Sie durch Ihre körperliche Haltung und die Art, wie Sie gehen und stehen, dass Sie wirklich präsent sind.

• Prüfen Sie, ob Sie das Gefühl haben, Sie seien eine vom Zeitdruck, von der Arbeitsmenge oder den Schülern gehetzte Person. Schülerinnen und Schüler erkennen, ob sich Lehrkräfte »gejagt« fühlen und sich jagen lassen: am zu schnellen Schritt, an der geduckten Körperhaltung (»Hoffentlich sieht mich keiner«) oder daran, dass sie sich vorzugsweise hinter dem Tisch stehend vor der Klasse schützen.

• Prüfen Sie, ob Sie Freude am Leben haben und diese auch während der Arbeit zeigen »dürfen«.

---

96 Einer der wenigen Hochschullehrer im Bereich der Lehrerausbildung, die sich mit der so wichtigen Körpersprache von Lehrerinnen und Lehrern befasst haben, ist Rudolf Heidemann aus Stuttgart, Autor eines ausgezeichneten Lehrbuches (Körpersprache im Unterricht. Ein Ratgeber für Lehrende, Verlag Quelle und Meyer, 8. Aufl. 2007).

In vielen Kollegien gilt das unausgesprochene Gesetz, man erkenne diejenigen, die fleißig sind, daran, dass sie miese Laune haben. Wer fröhlich ist, ist unseriös oder »hat wohl nicht genug zu tun«. Für Ihre Ausstrahlung und Ihren Kontakt mit den Schülern ist es optimal, wenn Sie Lebensfreude und Freundlichkeit zeigen können.

• Geben Sie dem Betreten des Klassenzimmers eine eigene Bedeutung. Die ersten Momente der Stunde sind wichtig. »Verhuschen« Sie den Stundenbeginn nicht. Treten Sie ruhig und nicht zu hastig ein, legen Sie Ihre Materialien am Tisch ab, stehen Sie frei und lassen Sie Ihren Blick einige Sekunden durch die Klasse wandern, bevor Sie die Klasse – mit deutlicher Stimme – begrüßen.

• Ruinieren Sie den Stundenbeginn nicht mit Formalien (»Wer fehlt?!«), sondern nehmen Sie nach der Begrüßung zunächst stimmungsmäßigen Kontakt mit der Klasse auf (innerer Monolog: »Wie fühlen die sich wohl gerade?«) und sagen Sie etwas, das Ihnen erst einmal die Aufmerksamkeit sichert (zum Beispiel: »Habt ihr dieses oder jenes gesehen?« – »Habt ihr denn davon auch schon gehört?« – »Wisst ihr, was mir da oder dort aufgefallen/zugestoßen ist?« etc.). Wenn Sie (maximal drei bis fünf Minuten) so den Faden mit der Klasse geknüpft haben, nehmen Sie entschlossen und mit fester Stimme die Kurve zum Stoff (»So, jetzt aber an die Arbeit! Heute geht es um …«).

- Bleiben Sie während des Unterrichts der Klasse zugewandt. Verschwinden Sie nicht hinter Ihrem Pult. Wenden Sie sich beim Anschreiben an die Tafel nicht voll von der Klasse ab. Nähern Sie sich, während Sie sprechen, stets von Neuem den jeweiligen »Unruhezonen«. Die Art, sich zu bewegen, hat eine starke Wirkung auf die Schüler. Wechseln Sie während des Unterrichts immer wieder einmal den Standort, aber in der Art eines großen Tieres (gemächlich, souverän), vermeiden Sie unruhige Bewegungen.

- Seien Sie zu Ihren Schülern freundlich, aber biedern Sie sich ihnen nicht an. Freundlichkeit wirkt nur, wenn sie ohne Absicht daherkommt und ein Teil Ihres guten Lebensgefühls ist. Daraus ergibt sich eine sehr positive Ausstrahlung auf die Schüler. Wenn Sie jedoch nur deswegen »einen auf freundlich machen«, weil Sie sich das Wohlwollen der Kinder sichern wollen, dann lassen Sie es lieber und bleiben besser ernst, denn sonst zeigen Sie den Schülern – sie merken das intuitiv –, dass Sie Angst vor ihnen haben und man sie jagen kann.

- Loben Sie! Aber: Benennen Sie auch – mit klarer Stimme – Lernmängel und Leistungsdefizite (»Das war aber alles andere als gut!« – »Also, da hätte ich von dir ein bisschen mehr erwartet!«). Vermeiden Sie Bloßstellungen oder Demütigungen. Machen Sie ein Kind nie lächerlich, auch nicht mit kleinen spitzen Bemerkungen! Geben Sie präzise Hinweise, was verbesserungsbedürftig ist und was Sie das nächste Mal erwarten, das reicht!

• Lassen Sie leistungsschwache Schülerinnen und Schüler immer wieder spüren, welche (positive) Vision Sie von dem betreffenden Kind oder Jugendlichen haben (»Ich bin sicher, das kannst du schaffen, du hast das Zeug dazu!« – »Wenn du dich da oder dort etwas mehr reinhängst, wäre das ein Weg, um später mal dies oder das zu werden.«)

• Sprechen Sie mit Ihren Schülern regelmäßig über die Art des gegenseitigen Umgangs, über den Sinn von Regeln und Wertmaßstäben. Kindern macht es Spaß, sich in Situationen einzufühlen und sich darüber auszutauschen. Greifen Sie dazu Vorfälle von außerhalb der Schule auf (eventuell mit Hilfe von Bildmaterial) und fragen Sie: »Wie hat der (oder die) sich wohl in dieser Situation gefühlt?« – »Was denkt ihr, warum die oder der dieses oder jenes gemacht hat?« – »Was glaubt ihr, wie das für die oder den Betroffene(n) wohl war?«

• Nutzen Sie Möglichkeiten, mit Eltern zu sprechen. Nehmen Sie sich für Elternabende Zeit. Treten Sie gegenüber Eltern interessiert und verständnisvoll auf, aber ohne sich anzubiedern. Seien Sie selbstbewusst und sagen Sie klar, wie Sie Ihren Unterricht machen wollen und welche Regeln und Voraussetzungen gelten. Fordern Sie von den Eltern Zusammenarbeit ein.

• Machen Sie aus Ihren persönlichen pädagogischen Überzeugungen keine Weltanschauung, die Ihre Kollegen in feindliche Lager spaltet. Es gibt mehrere Arten, eine gute Lehrerin/ein guter Lehrer zu sein. Es gibt mehrere Arten, einen guten Unterricht zu machen. Schützen Sie daher jeden Kollegen und jede Kollegin, die von außen angegriffen werden. Nehmen Sie Kritik von außen dankend, aber neutral zur Kenntnis. Besprechen Sie berechtigte Kritik nur intern.

Aggression

Aus dem Verständnis der Umstände, die den Hintergrund für die Entstehung von Aggressionen und Gewalt bei Kindern und Jugendlichen bilden[97], ergeben sich für Lehrer einige wichtige Hinweise für den Umgang mit destruktiven Verhaltensweisen. Versuche, derart aus dem Ruder gelaufene Schüler unter Kontrolle zu bringen, indem man ihnen in demütigender Weise ihre Schwächen vorführt, sie der Lächerlichkeit aussetzt oder ihnen eine düstere Zukunft voraussagt, sind kontraproduktiv, denn sie bedeuten Demütigung – und das heißt: weitere Aggression (siehe Kapitel 1). Zu einer guten Gestaltung von Beziehungen gehört – neben der lobenden Hervorhebung dessen, was gelungen ist – durchaus, die problematischen Seiten eines Schülers, auch seine gewalttätigen Tendenzen, klar und unumwunden zu benennen und anzusprechen. Dies darf jedoch nicht mit einer Botschaft verbunden werden, die dem Schüler vermittelt, ein bestimmtes negatives Verhalten sei nun einmal ein (unabänderlicher) Teil seiner Person. Im Gegenteil: Die notwendige Benen-

---

97 Vergleiche Kapitel 1.

nung von problematischen Verhaltensaspekten ist nur dann sinnvoll, wenn der Schüler in dem, was er vom Lehrer über sich hört, zugleich dessen Vision erkennt, die ihm vermittelt, er sei zu etwas Besserem fähig. Schüler sollten – auch im Moment der Kritik – spüren, dass der Lehrer an sie glaubt, und je mehr er sie davon überzeugen kann, desto leidenschaftlicher »darf« auch seine Kritik ausfallen.[98] Eine *solche* Kritik ist Ausdruck dessen, was eine Beziehung ausmacht, und so wird sie vom Schüler auch verstanden. Mit seinen Visionen und Vorstellungen über das Entwicklungspotenzial eröffnet die Lehrkraft[99] Heranwachsenden den Raum, in den sie sich hineinentwickeln können (siehe Kapitel 1 und 7).

Bei aggressiven Handlungen zwischen Schülern ist zunächst wichtig, dass Lehrkräfte nicht wegschauen, sondern sich der Szene *zuwenden*. Eine Methode, das Risiko von Aggressivität oder Gewalt zwischen Schülern bereits im Moment des Entstehens zu begrenzen, ist die Beachtung der sogenannten Proxemik[100], das heißt die richtige räumliche Selbstpositionierung der Lehrkraft. Es ist sinn-

---

98 Eine erfolgreiche Kulturredakteurin berichtete mir kürzlich von einem für sie einschneidenden Erlebnis aus ihrer Schulzeit. Ihre Klasse sei in der Oberstufe des Gymnasiums von ihrer Deutschlehrerin nach einem bestimmten Schriftsteller gefragt worden: Wer habe schon einmal etwas von ihm gelesen? Mit einigen anderen habe sie »gestanden«, nichts von diesem Autor zu kennen. Daraufhin habe die Lehrerin sie erstaunt angeschaut und gesagt: »Du hast noch nichts von ihm gelesen?! Von *dir* hätte ich das nicht gedacht!« Da sei ihr, so erzählte mir die Redakteurin, zum ersten Mal bewusst geworden, dass die Lehrerin ihr ein besonderes Interesse entgegenbrachte und eine besondere Begabung zutraute. Sie glaube, sagte sie, dass dies der Moment gewesen sei, der sie zur Kulturredakteurin habe werden lassen. Dies ist ein Beispiel für die Bedeutung der von mir in Kapitel 1 erwähnten Spiegelung der eigenen Person, die Schülerinnen und Schüler in der Beziehung zum Lehrer/zur Lehrerin erleben.

99 Natürlich können Eltern oder andere Mentoren in dieser Hinsicht die gleiche Wirkung entfalten wie Schulpädagogen.

100 Abgeleitet von »proximus« (lateinisch): der, der am nächsten ist.

voll, wenn ein Lehrer (oder eine Lehrerin) sich dem Ort, an dem ein Unruheherd zu entstehen droht, zügig nähert, allerdings nicht so weit, dass er (oder sie) in den unmittelbaren körperlichen Aktionsradius[101] eines potenziell oder tatsächlich aggressiven Schülers gerät (ein solches Eindringen wird von gewaltbereiten Schülern als bedrohlich erlebt und erhöht die Gefahr von Gewalt). Das eigene Auftreten sollte zielgerichtet und selbstbewusst sein, die Stimme klar, langsam und deutlich, weder leise-schüchtern noch schrill-überschnappend. Hinschauen ist wichtig, doch sind dabei scharfe Blicke auf Einzelne oder pistolenartig auf andere gerichtete Finger zu vermeiden, da auch sie die Situation eher zuspitzen. Unverzüglich aber sollte der Versuch unternommen werden, das Geschehen von der Ebene des (drohenden oder bereits erfolgten) körperlichen Agierens auf die sprachliche Ebene zurückzulenken (»Moment mal! Worum geht es hier eigentlich?! Ich möchte das jetzt von dir/von euch erklärt haben!«). Unabhängig davon, ob dies im ersten Anlauf gelingt oder nicht, sollte verbal nachgesetzt werden (»Es gibt hier an der Schule klare Regeln: Streit darf sein, aber keine Gewalt!«). Das Ziel muss sein, der Macht der Worte Raum zu geben (»Wie können wir diese Auseinandersetzung klären, ohne dass es zu Gewalt kommt?!«). Hilfreich ist, wenn die Schülerschaft selbst über trainierte Streitschlichter verfügt, die – falls eine spontane Deeskalation nicht gelingt – eingeschaltet werden können.[102]

---

101 Der unmittelbare Aktionsradius beträgt ungefähr zwei Armlängen.

102 Wenn Aktionen wie die hier skizzierte Vorgehensweise nicht ausreichen, zum Beispiel weil sich unter den gewaltbereiten Schülern bereits psychopathisch-dissoziale Personen befinden, sollte man sich nicht weiter auf die internen Schlichtungsmöglichkeiten verlassen, sondern mit der Schulaufsichtsbehörde und Gewaltpräven-

Aggressivität von Schülern, die sich direkt gegen Lehrerinnen oder Lehrer richtet, ist leider keine Seltenheit mehr. An Schulen jeder Art erlebt etwa die Hälfte aller Lehrkräfte – allein innerhalb eines Jahres –, dass sie, vor allem während des Unterrichts, von Schülern in massiv beleidigender Weise verbal attackiert werden. An Hauptschulen erleben knapp zehn Prozent im gleichen Zeitraum, dass Schüler ihnen offen Gewalt androhen. Einfache Rezepte gibt es hier nicht. Wenn irgendwie möglich (dies ist leichter gesagt als getan), sollten Lehrkräfte in einer solchen Situation nicht selbst aufbrausen, nicht mit Gegenaggressionen reagieren, aber auch keine ängstlich-defensive Reaktion zeigen. Bei Beleidigungen sollten sie versuchen, die Frage des gegenseitigen Respekts anzusprechen: »Ich respektiere dich (hier stellvertretend auch für das ›Sie‹) wie jeden hier in der Klasse! Was spricht dagegen, dass auch du mir diesen Respekt entgegenbringst?« Auf keinen Fall aber sollte ein relevanter aggressiver Vorfall kommentarlos übergangen werden. Eine Äußerung, die das Minimum einer Reaktion darstellt und die auf keinen Fall ein Fehler ist, lautet: »Ich lasse diese Äußerung jetzt einmal so stehen. Ich finde das nicht korrekt von dir und möchte zu einem späteren Zeitpunkt mit dir darüber sprechen.«

tionsexperten der Polizei geeignete Strategien entwickeln. Helmut Hochschild, der bereits erwähnte Rektor der Berliner Rütli-Schule, machte die Erfahrung, dass in Schulen mit hohem Gewaltpotenzial »Rundgänge«, die Lehrkräfte in regelmäßigen Abständen gemeinsam mit Polizeibeamten absolvieren, ein wirksames Signal sein können.

Frühe Schulpraxis während der Ausbildung: Universität an die Schulen!

Viele Lehramtsstudenten absolvieren – leider aber erst etwa im dritten Jahr ihrer Ausbildung – ein Praxissemester. Wenn aber ein Student erst nach Abschluss des Vorstudiums feststellt, dass er sich mit dem Lehrerberuf überfordern würde, ist ein Wechsel des Studiums aus verschiedenen Gründen mit mehr Schwierigkeiten verbunden als am Anfang. Daher reicht das Praxissemester in seiner jetzigen Form nicht aus. Es muss gleich zu Beginn des Studiums ein »Frühwarnsystem« geben, das den Studenten eine Selbsteinschätzung ermöglicht, und zwar bevor sie von den Ergebnissen eines Assessments überrascht werden, welches derzeit, wie erwähnt, für die Zeit nach Abschluss des Vorstudiums diskutiert wird.

Studentinnen und Studenten sollten meines Erachtens bereits am Beginn ihres Studiums, am besten während des zweiten Semesters, im Rahmen einer Praxiswoche in der Schule für sich einen ersten intuitiven Eindruck davon gewinnen können, was auf sie zukommt und ob sie sich den Beruf wirklich zutrauen können. Sie sollten in dieser Praxiswoche an fünf Tagen selbst jeweils eine – von einer Mentorin oder einem Mentor begleitete – Unterrichtsstunde abhalten. Dazu ist es notwendig, dass sie sich bereits im ersten Semester mit einer geeigneten Schule und dort mit einer Mentorin / einem Mentor in Verbindung setzen und den Unterricht, den sie in der Praxiswoche des zweiten Semesters halten werden, an der Universität, aber in Rücksprache mit der als Mentor fungierenden Lehrkraft der Schule vorbereiten. Dafür sollten die Universitäten im ersten Semester besondere Seminare anbieten.

Dort, wo die Ausbildung für Lehrkräfte erhebliche Lücken zurücklässt, liegt der Schwerpunkt der Themen, die in den erwähnten Lehrer-Coachinggruppen nach dem Freiburger Modell bearbeitet werden. In Freiburg i. Br. planen wir derzeit zusammen mit dem Zentrum für Lehrerausbildung der Universität, für Lehramtsstudenten Kurse durchzuführen, die ihnen helfen sollen, Beziehungskompetenz zu erwerben und zu verbessern. Doch alle diese Angebote zur Gestaltung von Beziehungen, zum Umgang mit Aggressionen oder zum Einsatz von Stimme und Körpersprache bleiben graue Theorie, wenn Lehramtsstudenten, wie bisher, über die längste Zeit ihrer Ausbildung kaum etwas von der Arbeitswelt erleben, mit der sie anschließend konfrontiert sein werden: dem realen Schul- und Unterrichtsbetrieb. Medizinstudenten müssen bereits zu Beginn ihres Studiums zwei Monate im Pflegedienst einer Klinik tätig sein, in den weiteren Semestern löst ein Praktikum das andere ab, und das ist auch sinnvoll. Selbst einmal Schüler gewesen zu sein reicht für Lehramtsstudenten als »Praktikum« nicht aus, ebenso wie die Erfahrung, Patient gewesen zu sein, keinen medizinischen Praxisbezug darstellt.

Für den Bereich der Lehrerausbildung gilt eine Forderung, die mein Kollege Manfred Spitzer, Mediziner, Neurobiologe und Leiter des »Transferzentrums für Neurowissenschaften und Lernen« in Ulm, seit langem erhebt: Schulen müssen an die Universität, und die Universität muss an die Schulen! So wie im Bereich der Medizin jede Universitätsklinik mit einer Reihe von nichtuniversitären »Akademischen Lehrkrankenhäusern« in der Region zusammenarbeitet, so sollte jede Ausbildungsstätte für Lehrerinnen und Lehrer (die Pädagogischen Hochschulen eingeschlossen) mit einer größeren Zahl von Ausbildungsschulen vernetzt sein.

Erziehung ist nicht
Vorbereitung aufs Leben.
Erziehung *ist* das Leben!
John Dewey (1859–1952),
Philosoph und Pädagoge[103]

5 Eltern

Eltern spielen für die Frage, ob der Entwicklungs- und Bildungsprozess eines Kindes oder eines Jugendlichen gelingt, die zentrale Rolle. Die Frage ist, ob sie die Bedeutung und die Chancen ihrer Rolle erkennen und ob sie sich zutrauen, diese mit Herz und Verstand auszufüllen. Für den schulischen Erfolg eines Heranwachsenden spielt es nicht nur eine Rolle, wie sich Eltern *während* der Schulzeit ihres Nachwuchses verhalten. Ebenso bedeutsam ist all das, was sie in den Jahren *davor* für ihr Kind tun. Hinweise, die Eltern helfen können, müssen daher auch diese Zeit mit einbeziehen.

Noch wichtiger als der eine oder andere Hinweis aber scheint mir zu sein, dass wir uns zunächst bewusst bleiben: Nobody is perfect, auch Eltern nicht, und sie sollen es auch gar nicht sein! Eltern stehen selbst im Leben und unter dem von der Realität ausgehenden Druck und können daher nicht in jeder Situation gegenüber ihren Kindern optimal reagieren. Es gibt keine »politisch korrekte«, fehlerfreie Erziehung. Eltern müssen, ebenso wie

---

103 John Dewey, US-Amerikaner, inspirierte einige der von Hartmut von Hentig entwickelten pädagogischen Ansätze.

Lehrerinnen und Lehrer, Fehler machen dürfen. Wichtiger als eine angeblich »perfekte« Pädagogik ist, dass sich beide Seiten, Eltern wie Lehrer, immer wieder ihrer Bedeutung bewusst werden, sich ihrer Verantwortung besinnen und mit sich – und miteinander – zu Rate gehen, wie man dem einzelnen Kind, dem einzelnen Jugendlichen optimal gerecht werden und seine Entwicklung fördern kann.

Vielen Eltern gelingt die Zusammenarbeit mit der Schule gut. Wo dies nicht der Fall ist, sind zwei Muster zu beobachten: Einerseits gibt es Eltern, die sich engagieren, dabei aber immer wieder Konflikte mit der Schule bzw. den Lehrern ihrer Kinder austragen. Auf der anderen Seite stehen Eltern, die sich gleichsam unsichtbar machen und selbst dann, wenn sich die Schule um einen Kontakt bemüht, nicht zu erreichen sind. Ich möchte hier keine psychologischen Überlegungen über die jeweiligen Gründe anstellen, weil dies in unserem Zusammenhang nicht weiterführen würde. Gleichwohl haben beide Muster mit einer Veränderung zu tun, die für jede Familie (auch für Teilfamilien, Patchwork-Familien usw.) spürbar wird, wenn das Kind in die Schule kommt. Mit dem Eintritt in die Schule vollzieht sich für die Eltern ein Vorgang, der meines Wissens bislang nur wenig reflektiert wurde, gleichwohl starke emotionale Reaktionen auslösen und auf Jahre hinaus zur Quelle vielfältiger Probleme werden kann. Es kommt zu einer Triangulierung[104]:

---

104 Triangulierung heißt Dreiecksbildung. Im Grunde beginnt dieser Prozess bereits im Kindergarten, wird dort aber meistens noch nicht als so einschneidend wahrgenommen, unter anderem weil das Kind in dieser Phase meistens noch primär an die Eltern angelehnt bleibt und auch seine Versorgung meistens weiterhin überwiegend zu Hause erhält. Die *hier* angesprochene Triangulierung meint übrigens etwas an-

Aus einer bisher zweiseitigen Beziehung zwischen Eltern und Kind wird eine dreiseitige Konstellation zwischen Eltern, Kind und Schule. Dies hat zur Folge, dass die Eltern ins Blickfeld der Institution Schule geraten und dass die Schule – weit mehr als der Kindergarten – neben den Eltern einen erheblichen Einfluss auf das Kind bekommt. Lehrkräfte und Eltern nehmen insoweit nun potenziell konkurrierende pädagogische Positionen ein, die von beiden Seiten emotional stark wahrgenommen werden. Nicht überall ergibt sich daraus eine Kooperation.

Für das Kind ist die Lage angesichts dieser Triangulierung ganz ähnlich wie zuvor in der gewohnten Familienkonstellation mit der potenziellen Konkurrenz zwischen Vater und Mutter: Kinder entwickeln sich am besten, wenn beide Elternteile kooperieren (dies gilt auch, wenn sie in vielen Dingen unterschiedlicher Ansicht sind, ja selbst dann, wenn sie getrennt leben). Aus der Sicht des Kindes ähnelt das dem Verhältnis zwischen Schule und Eltern. Wo diese nicht kooperieren, bleibt das Kind auf der Strecke. Wie soll es in die Lage kommen, sich innerlich auf die Schule einzulassen, Motivation aufzubauen und sich mit Bildungszielen zu identifizieren, wenn es spürt, dass die Eltern Vorbehalte gegenüber der Schule haben, dass die Eltern meinen, das Kind vor den Lehrern schützen zu müssen, oder wenn die Eltern gar einen mehr oder weniger offenen Krieg gegen die Schule führen?

Motivation einerseits und aktuelle Beziehungen mit Erwachsenen andererseits sind für das Kind untrenn-

---

deres als das, was in der psychologischen Fachsprache sonst mit diesem Begriff bezeichnet wird, wo er für das Eintreten des Vaters in die frühkindliche Mutter-Kind-Dyade steht.

bar miteinander verbunden: Es lernt – aus der Sicht seiner neurobiologischen Motivationssysteme – durchaus »für den Lehrer« bzw. »für die Lehrerin«.[105] Das Kind wird aus einer Hand, die ihm eine Person (Lehrerin oder Lehrer) reicht, für die seine Eltern keinen Respekt empfinden, nichts annehmen. Es sieht die Welt durch die Augen seiner Eltern.[106] Wenn also Eltern vor dem Schuleintritt beginnen, ihrem Kind von ihren eigenen schlimmen Schulerlebnissen zu erzählen, anstatt es freudig auf den großen Moment und auf die vielen interessanten Aspekte dieses neuen Lebensabschnitts einzustimmen, kann die Sache für das Kind nicht gut gehen. Das Gleiche gilt, wenn Eltern ihm im weiteren Verlauf seiner Schulzeit bewusst oder unbewusst vermitteln, man müsse es – aus welchen Gründen auch immer – prinzipiell vor der Schule schützen oder gar »retten«.

---

105 Mit dem berühmten Satz »Nicht für das Leben, sondern für die Schule lernen wir« (»Non vitae, sed scholae discimus«) äußerte der römische Philosoph Seneca sarkastische Kritik an den Schulen seiner Zeit, die er nicht für geeignet hielt, den Schülern etwas zu vermitteln, was sie fürs Leben tauglich mache (Seneca, Epistulae morales ad Lucilium 106,12). Die Lateinlehrer unserer Zeit haben – gute Pädagogen, die sie sind – den Satz Senecas vom Kopf auf die Füße gestellt, um heutigen Schülern deutlich zu machen, dass sie nicht für die Schule, sondern für das Leben lernen: »Non scolae, sed vitae discimus.«

106 Dies gilt – bei gesunden, nicht traumatisierten Kindern – uneingeschränkt bis etwa zum zwölften Lebensjahr. Viele haben vielleicht die klassische Situation erlebt, wenn ein kleines Kind aufs Knie gefallen ist und im ersten Moment ins Gesicht der Mutter blickt, um sich dort zu erkundigen, ob der Sturz schlimm genug war, um nun in Tränen auszubrechen. Nach dem zwölften Lebensjahr wird das Kind die Perspektive der Eltern zwar weiterhin wahrnehmen, der elterlichen Sicht nun aber zunehmend Gegenpositionen an die Seite oder gegenüberstellen.

Der Einfluss der elterlichen Haltung
auf die Motivation von Schülern

Motivation ist Kindern und Jugendlichen nicht angeboren.[107] Sie gleicht einer Pflanze, die der Sonne entgegenwächst. Die »Sonne« der Motivation von Kindern oder Jugendlichen bilden das Interesse, die Beachtung und die Zuwendung seiner maßgeblichen Bezugspersonen, in der Regel also der Eltern (auch andere Personen können die Stelle der Eltern einnehmen, allerdings nur dann, wenn sie eine konstante Beziehung zum Kind pflegen, auf die es sich verlassen kann). Erlischt die Sonne, wird die Pflanze ihr Wachstum einstellen und zugrunde gehen.[108]

Einem Kind Interesse zu zeigen und Zuwendung zu geben heißt nicht, ihm alle Wünsche zu erfüllen, im Gegenteil. Eltern, die ihren Kindern fast alles erlauben, ver-

---

107 Angeboren sind nur die neurobiologischen Systeme, die stimuliert und benutzt werden können, um Motivation zu aktivieren. Die Stimulation ergibt sich aus dem, was das Kleinkind in seiner Umgebung erlebt. Bleibt diese Stimulation aus, nützen die besten Gene nichts.

108 Die sogenannte intrinsische, also eine aus dem Kind selbst kommende Motivation gibt es so, wie der Begriff meist verwendet wird, nicht, sie ist ein theoretisches, am Schreibtisch entstandenes Konstrukt. Kinder internalisieren die Erfahrungen, die sie mit ihren maßgeblichen, festen Bezugspersonen machen, das heißt, sie verankern die typischen Muster, nach denen sich ursprünglich das Beziehungsgeschehen zwischen Bezugspersonen und ihnen selbst abspielte, nach und nach in ihren neuronalen Netzwerken. Dies hat unter anderem zur Folge, dass Denkweisen und Haltungen der Bezugspersonen im Kind bzw. im Jugendlichen zu einem Teil des »Selbst« werden. Diese ursprünglich aus Beziehungserfahrungen stammenden, dann ins eigene Selbst übernommenen Denkweisen und Haltungen bleiben lebendig, sie behalten eine dynamische Kraft. So wird ein Kind, das vom Vater oder von seiner Mutter über Jahre hinweg angetrieben und ermutigt wurde, seinen Fußballsport (oder sein Geigenspiel) zu vervollkommnen, diesen Ansporn, der ursprünglich von den Eltern ausging, zunehmend als *eigenen* Antrieb erleben. Dies – und nur dies – könnte man dann in der Tat als eine intrinsische Motivation bezeichnen. Intrinsische Motivationen bleiben aber verletzbar. Ein schwerer Bruch in der Beziehung zur Bezugsperson (muss nicht, aber) *kann* zum Beispiel dazu führen, dass bei einem Kind oder einem Jugendlichen die Motivation, die bereits »intrinsisch« geworden zu sein schien, plötzlich zusammenbricht.

halten sich wie Gastgeber, die ihrem Gast, der zu Besuch angereist ist, bei der Begrüßung sagen, er könne sich am Kühlschrank bedienen und in der Wohnung machen, was er wolle, die dann aber verschwinden und sich nicht mehr blicken lassen. Einem Kind Interesse und Zuwendung zu widmen heißt, mit ihm in einen Dialog zu treten, sich nach seinen Wünschen zu erkundigen, ihm zugleich aber auch von den eigenen Vorstellungen und Ideen zu erzählen, sich mit ihm etwas vorzunehmen, zu schauen, wie es sich dabei fühlt, es zu begleiten, anzuspornen, auch zu kritisieren und so gemeinsam von einer Station des Alltags zur nächsten zu gehen. Eine solche Haltung ist die »Sonne«, die Motivation wachsen lässt.

Eltern zeigen die Welt, Kinder testen sie

Der Umgang einer erwachsenen Bezugsperson mit dem Kind oder Jugendlichen sollte von Achtung, Respekt und möglichst auch von Liebe getragen sein. Was viele Erwachsene heute aber allzu häufig vergessen, ja verleugnen, ist die Tatsache, dass die Beziehung zum Kind niemals symmetrisch, also gleichberechtigt sein kann. Bezugspersonen, die Kinder *permanent* fragen, was sie tun wollen, ohne mit eigenen guten Vorschlägen und Vorstellungen auf den Plan zu treten, bringen sie in eine Situation, die sie völlig überfordert. Um es an einem einfachen Beispiel zu verdeutlichen: Was soll ein Kind bei einer Geburtstagsfeier anstellen, wenn der Vater oder die Mutter keine Spiele vorbereitet und auch sonst kein Programm entworfen hat und stattdessen das Kind ständig entscheiden muss, ob es nun dieses oder lieber jenes haben oder machen möchte? Jeder, der längere Zeit mit Kindern zu tun hatte, hat einmal erlebt, wie erlösend es für ein Kind ist, wenn ein Erwachsener ihm einen gut ausgedachten Plan vorschlägt, dem es sich anschließen und bei dessen Umsetzung es interessante, aufregende Erfahrungen machen kann. Um es zu verallgemeinern: *Das Kind kann sich die Welt nicht allein erschließen, es kann vor allem keine Entscheidungen über Dinge treffen, die es noch gar nicht kennt.*

Mit Kindern und Jugendlichen eine Beziehung zu gestalten heißt also auf Seiten der Eltern, gute Ideen, klare Vorstellungen und Vorschläge einzubringen und das Kind zunächst einmal zu veranlassen, diese auch auszuprobieren. Wichtig ist dann allerdings, mit ihm im Dialog darüber zu bleiben, wie es mit den Ideen und Angeboten der Eltern zurechtkommt. Einem Kind etwas aufzudrängen, das ihm zuwiderläuft, ist meistens unsinnig. Andererseits ist nicht jede vom Kind geäußerte Unlust ein Hinweis darauf, dass man als Eltern(teil) auf der falschen Fährte ist. Kinder und Jugendliche testen, ob sie mit Äußerungen des Unmuts ihre Eltern (oder andere Bezugspersonen) umstimmen und sich die unangenehmen Seiten des Lebens ersparen können. Lassen sich Eltern in einer Angelegenheit, die sie selbst für richtig halten, zu schnell verunsichern, schaden sie ihrem Kind und werden bald feststellen, dass es zunehmend den Respekt vor ihnen verliert und ihnen auf der Nase tanzt. Zu unterscheiden, wann ein Kind (oder Jugendlicher) nur die Autorität der Eltern auf die Probe stellt und wann es wirklich ein Problem hat, erfordert Einfühlung.

Eltern bzw. Bezugspersonen, die bei jeder kleinen Schwierigkeit, über die das Kind bei einem Vorhaben klagt, gleich zum Abbruch blasen und etwas Neues ins

Spiel bringen, erweisen ihm einen Bärendienst. Auch Fokussierung und Durchhaltevermögen kann das Kind nur durch Anleitung, das heißt dadurch erlernen, dass Eltern zum Beispiel im Spiel mit ihm eine Zeit lang bei *einer* Sache bleiben. Die in jüngster Zeit zunehmenden Konzentrationsstörungen haben ihre Ursache unter anderem darin, dass Kinder zu wenig Hilfe erhalten, wenn sie lernen müssen, sich auf *eine* Sache einzulassen, und stattdessen fortwährend mit neuen, konkurrierenden Reizen und Angeboten konfrontiert werden, auf die sie dann mit ihrer Aufmerksamkeit überspringen.[109] Ein Kind kann nur dann lernen, sich in etwas (zum Beispiel in ein Spiel oder eine Aufgabe) zu vertiefen, wenn seine erwachsenen Bezugspersonen, die es dabei begleiten und anleiten, selbst Schwerpunkte setzen. Dies erfordert die Fähigkeit, dem Kind – gerade weil man es liebt und fördern möchte – Grenzen zu setzen, es vor ständig neuen Reizen zu schützen, nicht allem auszusetzen, was Kindern heutzutage angeboten wird.

Dem Kind seinen individuellen Möglichkeiten entsprechende Angebote zu machen, bei denen es sich kreativ entfalten kann, das Kind darin zu bestärken, eine gewisse Zeit bei einer Sache zu bleiben, ihm über Schwierigkeiten bei seinem Tun hinwegzuhelfen und dafür zu loben, was es (im Spiel oder beim Lernen) zustande gebracht hat, aber auch Kritik zu üben, all dies können nur zugewandte, anwesende Bezugspersonen leisten. Sie sind durch nichts zu ersetzen. Dass sie dessen ungeachtet dennoch de facto zunehmend ersetzt werden, weil Eltern immer weniger

---

109 Ein solcher permanenter Aufmerksamkeitswechsel ist das typische Darbietungsschema des Fernsehens.

zur Verfügung stehen (können) und Ersatzpersonen nicht vorhanden sind, gehört zu den katastrophalen Entwicklungen unserer Zeit.[110] Heranwachsende stundenlang dem Fernsehen oder Bildschirmspielen zu überlassen ist ein Begabungszerstörungsprogramm erster Klasse.[111] Es lässt Kinder und Jugendliche nicht nur intellektuell, sondern auch hinsichtlich ihrer Kreativität und Emotionalität verkümmern. Zahlreiche neuere Studien belegen, dass der Umfang des Bildschirmkonsums von Kindern nicht nur im umgekehrt proportionalen Verhältnis zu ihren schulischen Erfolgen steht[112], sondern zugleich auch im direkt proportionalen Verhältnis zum Auftreten kindlicher Aufmerksamkeitsstörungen[113].

Gemeinsame Mahlzeiten

Manche mögen darüber staunen: Es ist wissenschaftlich erwiesen, dass zu Hause mit den Eltern oder einem Elternteil eingenommene Mahlzeiten sich positiv auf den Bildungserfolg von Kindern und Jugendlichen auswirken. Eines der ältesten menschlichen Rituale ist das Essen in der Gruppe. Was sich hier abspielt, ist weit mehr als die Abfütterung der beteiligten Personen. Wo man es sich

---

110 Siehe dazu auch Jan Fleischhauer und Kollegen: Abschied von Idyll, *Der Spiegel* 49, 4. Dezember 2006.

111 Bemerkenswerterweise hat Dustin Klinger, Sprecher der Kollegstufe des Internats Schloss Salem, das Fernsehen als »großen Feind der Erziehung« bezeichnet. *Frankfurter Allgemeine Zeitung*, 18. Januar 2007.

112 Siehe dazu neuere Studien des Kriminologischen Forschungsinstituts Niedersachsen (www.kfn.de).

113 Siehe, neben weiteren Studien, zum Beispiel Dimitri Christakis und Kollegen: Early Television Exposure and Subsequent Attentional Problems in Children, *Pediatrics* 113: 708, 2004.

gemeinsam schmecken lässt, kommen die wichtigsten Eigenschaften ins Spiel, die den Menschen zum Menschen machen: Freude an Geselligkeit, Erleben von Zusammenhalt, Sehen und Gesehenwerden, wechselseitige Anteilnahme, Miteinander-Teilen, Miteinander-Sprechen. So gesehen, ist der fördernde Einfluss gemeinsamer Mahlzeiten auf die Entwicklung Heranwachsender kein Wunder. Kinder, die mindestens siebenmal in der Woche mit Familienangehörigen essen, haben – wie sich in einer Studie zeigte – gegenüber Kindern, die dies nur zweimal oder noch seltener tun, signifikant bessere Schulnoten; außerdem weisen sie ein niedrigeres Drogenrisiko und eine signifikant bessere Allgemeinverfassung auf.[114]

Eltern sollten sich darum bemühen, mit ihren Kindern mindestens einmal täglich gemeinsam zu essen. Dabei sollten Medien (insbesondere Fernsehen, Handy und Computer) wenigstens dreißig Minuten lang abgeschaltet sein. Die Eltern sollten die Mahlzeit dazu nutzen, sich bei ihren Kindern nach deren Befinden, Erlebnissen, Gedanken zu erkundigen, aber auch die Möglichkeit wahrnehmen, ihrerseits zum Ausdruck zu bringen, was ihnen wichtig ist, und nachzufragen, ob die Tochter/der Sohn zum Beispiel eine verabredete Aufgabe erledigt hat. Für viele Familien dürfte sich die Chance des gemeinsamen Essens auf den Abend beschränken. Sehr hilfreich ist es, wenn ein Elternteil (zum Beispiel der Vater) auch morgens – wenigstens kurz – mit dem Kind zusammensitzt (zum Beispiel frühstückt) und es mit einer Ermutigung in den Tag entlässt.

---

114 Siehe Marla Eisenberg und Kollegen: Correlation between family meals and psychosocial well-being among adolescents, *Archives of Pediatrics and Adolescence Medicine* 158: 792, 2004.

Väter

Wenn von nachlassender Verfügbarkeit der Eltern die Rede ist, so betrifft dies insbesondere die Väter. Viele von ihnen entdecken oft zu spät, was es bedeutet, dass sie die Chance einer intensiven Begegnung mit ihren Kindern haben verstreichen lassen, nämlich dann, wenn Letztere bereits erwachsen und sie selbst jenseits der fünfzig angekommen sind. Es ist meines Erachtens kein Zufall, dass viele Väter gerade um dieses Alter herum, in dem sie erkennen, dass sie keine tragenden Bindungen zu ihren Kindern aufgebaut haben, gesundheitlich einbrechen, Midlife-Krisen mitsamt Depressionen erleben und Herz-Kreislauf-Erkrankungen erleiden. Gute, tragende Bindungen zu haben ist ein nachgewiesener Gesundheitsfaktor, bei Kindern und Jugendlichen ebenso wie bei Erwachsenen.

Es ist erstaunlich, wie schwer Väter sich damit tun, zu erkennen, dass ihre Kinder (insbesondere ihre Söhne) sie brauchen – mehr noch: dass sie *selbst* die Bindung zu ihren Kindern brauchen, dass diese sie bereichern und ihnen mehr geben können, als sie vermuten.[115] Wir Männer täten gut daran, die kürzlich von Ursula von der Leyen gestellte Frage nach jenen modernen Männern zu reflektieren, die familiäre Fürsorge und Verantwortung als Teil ihrer männlichen Identität begreifen. Intuition, Einfühlung und emotionale Resonanz gehören oft nicht zu den starken Seiten von Männern. Dies muss jedoch kein Hindernis sein, in einer guten Beziehung mit seinen Kindern

---

115 Das »Vater-Defizit« zeigt sich nicht nur in deutschen Familien, sondern besteht – in offenbar mindestens gleicher Ausprägung – auch in den Familien von Migranten (siehe dazu Nossrat Peseschkian: »Der Orient: vaterlos«, Interview, *Focus* 48, 27. November 2006.

zu leben, denn neben Empathie und Resonanz gibt es ja noch eine weitere Komponente, die sehr beziehungsstiftend sein kann und sich für Väter in besonderer Weise anbietet: schlicht und einfach mit Kindern etwas gemeinsam zu unternehmen.

Kinder und Jugendliche unter Gruppendruck

Eltern können, sollen und dürfen für das Kind und erst recht für Jugendliche nicht der einzige Bezugspunkt bleiben. Die erste – und dann zunehmend auch wichtigste – Ergänzung des familiären Umfeldes sind Gleichaltrige. »Peer groups« sind das Übungsfeld, auf dem Kinder und Jugendliche – sowohl im Spiel als auch im Rahmen von Freundschaften und ersten Bindungen – erproben, wie das Leben funktioniert. Beides, das kindliche Spiel wie auch das, was Jugendliche später in ihren Cliquen erleben, sind wichtige und unentbehrliche Proberäume des Handelns, Fühlens und Kommunizierens. Diese Kontakte mit Gleichaltrigen sind für Kinder und Jugendliche – zusätzlich zu ihren familiären Bezugspersonen – eine wichtige weitere Möglichkeit zur Entfaltung des neurobiologisch angelegten Grundbedürfnisses, von anderen *gesehen* zu werden, Beachtung und Anerkennung zu finden. Zu den seit Urzeiten gebräuchlichen Ritualen, die Menschen benutzen, um bei anderen Akzeptanz zu erlangen, aber auch um anderen ihrerseits Verbundenheit zu signalisieren, gehört die Verwendung gemeinsamer Zeichen. Dazu können bestimmte Verhaltensweisen zählen, kleine Abzeichen, aber auch ein bestimmter Stil, aufzutreten oder sich zu kleiden.

Am Bedürfnis Jugendlicher nach sozialer Akzeptanz lässt sich hervorragend verdienen, und so setzen die ebenso sublimen wie massiven Werbekampagnen bestimmter Zweige der Konsumgüterindustrie zielgenau an der erfolgreich suggerierten Vorstellung an, durch gleiche Verhaltensweisen, Kleidung und sonstige Accessoires lasse sich in »peer groups« soziale Akzeptanz erzeugen. Indem diese Unternehmen ihre Suggestionen ins Unterbewusstsein von Kindern und Jugendlichen pflanzen, werden Marketingabteilungen der Bekleidungs- und Medienindustrie zu zweiten Erziehern. Zusätzlich aktivieren die Verkaufsstrategen dabei eine bei Kindern und Jugendlichen latent angelegte Logik: Wer (scheinbar) unabhängiger ist als die anderen, verdient mehr Anerkennung als diejenigen, die noch (zum Beispiel von den Eltern) versorgt werden müssen. Dieses Denkschema – dass nicht versorgt zu sein cooler sei, als Versorgung zu benötigen – war und ist der Hintergrund für die ebenso verrückte wie erfolgreiche Methode von Marketingspezialisten, unterversorgte und verwahrloste Jugendliche aus den USA zu Vorbildern für europäische Jugendliche zu machen. Was diesen damit untergejubelt wurde, war jedoch nicht nur eine zwar teure, aber durchaus witzige Klamottenmode[116], sondern

---

116 Zu der Mode, tief hängende, gürtellose Hosen und offene Schuhe ohne Schnürsenkel zu tragen, kam es, nachdem der amerikanische Rap-Musiker Tupac Shakur in den neunziger Jahren zu einer Gefängnisstrafe wegen sexueller Übergriffe verurteilt worden war. In der Haft wurden ihm Gürtel und Schuhbänder abgenommen. Als er erstmals von seinen Freunden im Gefängnis Besuch erhielt, sahen diese »2Pac« in nach unten gerutschter (gürtelloser) Hose und offenen (bänderlosen) Schuhen daherkommen. Aus Solidarität mit ihrem inhaftierten Kumpel trugen Tupacs Rapper-Freunde ihre Kleidung fortan so wie er. Was in einem Land wie den USA, wo sich seit Jahrzehnten niemand um schwarze Jugendliche der Unterklasse kümmert, ein verständlicher Protest sein mag, wurde hier in Europa – dank raffinierter Marketingstrategien – zur teuren Attitüde mitteleuro-

zugleich auch die demoralisierte und zynische Haltung von Jugendlichen der amerikanischen Unterschicht gegenüber dem Leben (einschließlich der Schule). Ein durch die gleichen Mechanismen verursachter Gruppendruck ist mit dem Zwang zur Anschaffung von Medienprodukten und anderem verbunden.

Immunisierung gegen Gruppendruck: Das rechtzeitige Gespräch

Eltern können nicht wollen, dass ihr Kind in eine Situation gerät, in der ihm soziale Ausgrenzung und das Gespött Gleichaltriger drohen. Dem Wunsch, in einem gewissen Umfang Trends und Moden zu folgen, können und wollen sich auch Ältere bekanntlich nicht entziehen. Aus diesem Grund kann es kein erstrebenswertes Ziel sein, Moden bei Jugendlichen mit einem Rigorismus zu bekämpfen, den auch Erwachsene für sich nicht akzeptieren würden. Allerdings können und sollten Eltern ihren Sprösslingen bereits früh, nämlich im Kleinkindalter, in dem Kinder so ziemlich alles haben wollen, was sie sehen und was ihnen gefällt, vormachen (und liebevoll nahebringen), dass man Dinge schön finden kann, ohne sie kaufen zu müssen. Sobald sie – etwas später, zwischen

---

päischer Kinder, die ihren Müttern den letzten Euro aus der Tasche ziehen, um in der Schule in keine Außenseiterposition zu geraten. Die Suggestion, die dabei eine Klamottenindustrie mit Milliardenumsätzen europäischen Jugendlichen eintrichtert, lautet: Auszusehen wie ein in einem US-Gefängnis inhaftierter Jugendlicher und die dazu gehörenden Attitüden zu imitieren ist cooler als die »peinliche« Situation, ein europäischer Jugendlicher zu sein, eine – im Vergleich zu den USA – gute öffentliche Schule zu besuchen und sich abends an einen gedeckten Tisch setzen zu können.

dem sechsten und zehnten Lebensjahr – anfangen, die entsprechenden Zusammenhänge zu begreifen, sollte man mit ihnen bei jeder sich bietenden Gelegenheit freundschaftlich über die problematische Macht des Gruppendrucks sprechen, in einer Entwicklungsphase also, die *vor* der Zeit liegt, in der sie als Jugendliche in den Sog dieses Phänomens geraten.

Kindern sollte bereits zu einem sehr frühen Zeitpunkt vermittelt werden, dass es gut und richtig ist, eine eigene Position zu haben und sich anderen nicht in allem und jedem anzuschließen, vor allem dann nicht, wenn es sich um Dinge handelt, die schädlich sind. Letzteres betrifft vor allem den Gebrauch von Drogen. Auch darüber sollten Eltern mit ihren Kindern gesprochen haben, *bevor* diese mit dem Thema außerhalb der Familie in Berührung kommen.[117] Eltern können ihre Kinder durch Gespräche, die sie mit ihnen zwischen deren sechstem und zehntem Lebensjahr führen, gleichsam mit kritischem Selbstbewusstsein impfen, bevor sie in die »gefährliche« Phase zwischen dem zwölften und dem achtzehnten Lebensjahr eintreten, in der sie massiv unter Gruppendruck geraten. Kritisches Selbstbewusstsein gegenüber Massentrends sollten Eltern ihre Kinder aber nicht nur lehren, sie sollten es ihnen auch selbst vorleben. All dies setzt voraus, dass Eltern überhaupt da sind, ihren Kindern Zeit widmen und zu ihnen eine Beziehung haben. Für Jungen und männliche Jugendliche ist in diesem Zusammenhang von entscheidender Bedeutung, dass ein *Vater* (oder Ersatz-

---

117 Dass es Drogen gebe, die angeblich nicht schaden, gehört zu den unverantwortlichen Legenden der Nach-68er-Generation. Selbst lange Zeit als »harmlos« propagierte Drogen wie Ecstasy oder die Cannabinoide (Haschisch) haben schädliche neurobiologische und psychische Effekte.

vater) da ist, der mit seinem Sohn – auch dann, wenn die Eltern getrennt leben – in ständigem Kontakt ist, mit ihm spricht und regelmäßig etwas unternimmt.

Medien: »Die wollen doch nur spielen!«

Noch einflussreicher als der Gruppendruck, den Kinder und vor allem Jugendliche untereinander ausüben, wurde seit Anfang der neunziger Jahre ihre »Erziehung« durch die Medien. Kein vernünftiger Mensch kann Medien grundsätzlich ablehnen angesichts der unendlich vielen Möglichkeiten der Information, Unterhaltung und kreativen Nutzung, die sie bieten. Doch fatalerweise sind es nicht nur die sinnvollen Medienangebote, die sich durchgesetzt haben. Mit einer bis heute ansteigenden Tendenz sind mit den Medien auch Gewaltmodelle in den Massenmarkt für Jugendliche eingedrungen und haben sich dort etabliert. Zunächst tauchten brutale, Gewalt enthaltende Filme auf[118], später dann in zunehmenden Maße sogenannte Killerspiele für den Computer, bei denen Jugendliche am Bildschirm in eine hochgradig realistisch aufbereitete virtuelle Welt eintauchen und dort – mit der Hand an der Spielkonsole – selbst zu handelnden Akteuren werden. Als solche haben sie viele Optionen: Sie können dort andere Menschen jagen, erwürgen, erschießen, ihnen mit dem Messer die Kehle durchschneiden, sie mit der Kettensäge angreifen und ihre Körper zerfetzen. Begleitet wird dies alles vom Schreien und Röcheln der Opfer und

---

118 Einer der bekanntesten Filme dieser Art war »Scream« (1996), der mehrere durch Jugendliche ausgeübte Nachahmer-Morde zur Folge hatte.

gekrönt durch den Blick auf die blutüberströmten, vom Spieler getöteten Menschenopfer.[119] Untersuchungen zeigen, dass bereits fünfzig Prozent der Zehnjährigen zumindest gelegentlich mit solchen »Spielen« umgehen, die erst ab sechzehn Jahren freigegeben sind. Zwanzig Prozent der Zehnjährigen spielen solche Spiele sogar schon regelmäßig. Achtzig Prozent der Vierzehn- und Fünfzehnjährigen benutzen Killerspiele, die nur für Erwachsene vorgesehen sind.[120] Destruktive Aggression ist, wie in Kapitel 1 dargestellt, kein im Menschen angelegter primärer »Trieb«. Davon bilden auch die Kinder und Jugendlichen unseres Landes keine Ausnahme. Was kein »Trieb« ist, kann jedoch – siehe die Ausführungen zum »Lernen am Modell«, Seite 24 – zum erlernten Verhalten werden: Killerspiele erhöhen die Gewaltbereitschaft.[121]

Ein Bündnis zwischen Eltern und Schule

Angesichts der vielen problematischen, die Bildungschancen junger Menschen gefährdenden Aspekte unserer Zeit wird deutlich, wie unsinnig der an vielen Schulen bestehende Dauerkonflikt zwischen Eltern und Lehrern ist. Genauso nachteilig wie ein in Konkurrenz zum Einfluss

---

119 Die abwiegelnden Äußerungen von Verteidigern der Killerspiele erinnern an die klassischen Rechtfertigungen, die man auch von Besitzern freilaufender Kampfhunde hören kann (»Die wollen doch nur spielen«).

120 Christian Pfeiffer, Direktor des Kriminologischen Forschungsinstitutes Niedersachsen: »Schule erzeugt Verlierer«, Interview, *Der Tagesspiegel*, 22. November 2006.

121 Der Zusammenhang zwischen Medienkonsum und Gewaltbereitschaft wurde vielfach nachgewiesen, unter anderem von Ingrid Möller (»Mediengewalt und Aggression«, Universität Potsdam, 24. August 2006, http://opus.kobv.de/ubp/). Siehe auch Jeffrey Johnson und Kollegen: Television viewing and aggressive behavior, *Science* 295: 2458, 2002.

der Lehrer tretendes, sich in den Lehrbetrieb einmischendes Verhalten von Eltern ist die entgegengesetzte Situation, wenn nämlich Eltern kein Interesse daran zeigen, was ihre Kinder in der Schule tun, und selbst dann nicht erreichbar sind, wenn die Schule den Kontakt sucht.[122] Eltern sollten das Leben an der Schule, auf der sich ihre Kinder befinden, aufmerksam begleiten. Eine grundsätzlich misstrauisch-kontrollierende Grundhaltung hingegen schadet der notwendigen Kooperation zwischen ihnen und der Schule und damit den Kindern. Lehrerinnen und Lehrer werden dadurch, dass sie den permanent skeptischen Blick der Eltern auf sich gerichtet sehen, nicht zu besseren Pädagogen, im Gegenteil. Die Schule und die in ihr unterrichtenden Lehrkräfte brauchen das Vertrauen der Eltern. Umgekehrt sollten diese aber auch eine ihnen gegenüber offene und kooperative Einstellung der Lehrerschaft spüren.

Schüler brauchen auch in dem, was sie in der Schule erleben und tun, die Unterstützung ihrer Eltern. Worin aber besteht Unterstützung, die Heranwachsenden weiterhilft, wenn sie zum Beispiel zu Hause entrüstet über eine aus ihrer Sicht ungerechtfertigte Bemerkung oder falsche Verhaltensweise einer Lehrkraft klagen? Zunächst ist vor allem wichtig, dass dem Kind oder Jugendlichen zu Hause jemand Anteil nehmend zuhört. Wie bei Beziehungen zwischen Erwachsenen gilt auch hier: Gute Freunde zeichnen sich nicht dadurch aus, dass sie bei einem Konflikt gleich mit in den Krieg ziehen wollen, sondern vor allem dadurch, dass sie neue Fragen und Ge-

---

122 Konkurrierendes Elternverhalten findet sich vor allem in Gymnasien. Über nicht erreichbare Eltern klagen vor allem Lehrer und Lehrerinnen in Hauptschulen.

sichtspunkte einbringen, die den Blick auf das Problem erweitern. Genau dies sollten und müssen auch Eltern tun, wenn Schüler über einen Vorfall in der Schule klagen. Sie erweisen dem Kind keinen Gefallen, wenn sie – was häufig passiert – auf eine von ihm vorgetragene missbilligende Äußerung über einen Lehrer oder eine Lehrerin sofort mit einem zornigen Auftritt in der Schule reagieren.

Eltern sollten es ernst nehmen, wenn sich ihr Kind über ein Erlebnis in der Schule beschwert. Sie sollten dann aber nachfragen, sich nach der Vorgeschichte des beklagten Vorfalls erkundigen und das Kind vor allem veranlassen, zu überlegen, wie sich das Problem aus der Perspektive der anderen Beteiligten dargestellt hat und darstellt. Solche Gespräche in der Familie sollten zum Alltag gehören, sie sind eine unerlässliche Voraussetzung dafür, dass sich der Schüler/die Schülerin in der Schule integrieren und wohlfühlen kann. Allerdings erfordern sie, dass Eltern da sind, die sich Zeit nehmen. Erst wenn ein Gespräch mit dem Kind den Zusammenhang des Geschehens, über das es klagte, erhellt hat, ist es sinnvoll, über angemessene Konsequenzen zu entscheiden. Falls sich wirklich herausstellen sollte, dass ein kritischer Punkt mit der Schule besprochen werden muss, dann sollte zunächst der *direkte* Kontakt mit der *betroffenen* Lehrkraft gesucht werden. Geht man stattdessen den »Dienstweg« und beschwert sich gleich bei anderen (zum Beispiel der Schulleitung), belastet man die Kooperation und schadet dem Kind, das ja in der Regel weiterhin mit den Personen, mit denen es in Konflikt geraten ist, zusammenarbeiten muss. Kontakt zu Dritten (also zu anderen Lehrer oder zur Schulleitung) empfiehlt sich nur dann, wenn ein Ge-

spräch mit der direkt betroffenen bzw. zuständigen Lehrkraft zu keinem akzeptablen Ergebnis geführt hat.

Schulvertrag

Schulen brauchen als Basis erfolgreicher Arbeit nicht
nur die Kooperation zwischen Schülern und Lehrkräften,
sondern auch ein Bündnis zwischen Eltern und Schule.
In dieses Bündnis sollten Schülerinnen und Schüler so
weit wie möglich einbezogen sein, denn sie sind, anders
als von Bernhard Bueb behauptet, durchaus zum Umgang mit Demokratie fähig. Sie sollten in der Schule Verantwortung übernehmen, eine vitale Schülermitverwal-
tung auf die Beine stellen, als Streitschlichter Konflikten
und Gewalt entgegentreten und den Lehrbetrieb mit ihrer Jugendkultur (vor allem ihrer Musik und ihrer Art,
kreativ zu sein) befruchten und lebendig erhalten. Zu dieser Verantwortung gehört, dass Schülerinnen und Schüler selbst mit für die Regeln einstehen, die die Schule zu
einem dem Wandel offenstehenden Ort mit menschlichem
Antlitz macht. In diesem Zusammenhang erscheint mir
ein an manchen Schulen in den USA erfolgreich praktiziertes Verfahren auch hierzulande erstrebenswert: ein schrift-
lich fixierter Vertrag, in dem sich alle drei an der Schulaus-
bildung beteiligten Seiten auf einige wenige Grundsätze
verpflichten.

Schulvertrag

Zehn Regeln, die Schule, Schüler und Eltern bei Schuleintritt verbindlich (mit Unterschrift) vereinbaren sollten:

• Verhaltensgrundregeln in der Schule sind Respekt, Verzicht auf Gewaltandrohungen und auf Gewalt.

• Respekt, Verzicht auf Gewaltandrohungen und Gewalt gelten auch zu Hause.

• Schulleitung und Lehrkräfte verpflichten sich, Schüler in jeder Hinsicht zu fördern und zu unterstützen und mit deren Eltern zusammenzuarbeiten.

• Eltern verpflichten sich, bei Elternabenden zu erscheinen.

• Schüler/innen haben vor Unterrichtsbeginn zu Hause gefrühstückt (ohne morgendlichen TV-Konsum).

• Eltern nehmen an jedem Schultag mindestens eine gemeinsame Mahlzeit mit ihrem Kind / ihren Kindern ein.

• Schüler/innen sollten vor Schultagen mindestens sieben Stunden (Kinder unter zehn Jahren mindestens acht bis neun Stunden) geschlafen haben.

• Eltern sprechen an Schultagen mit ihrem Sohn/ ihrer Tochter mindestens einmal täglich darüber, wie es ihm/ihr in der Schule ergangen ist, womit er/sie sich beschäftigt, ob er/sie gut zurechtkommt oder ob Schwierigkeiten aufgetreten sind.

• Schüler/innen unter zwölf Jahren sollten zu Hause in ihrem Zimmer keinen eigenen Internetanschluss und keinen eigenen Fernseher haben. Mit über Zwölfjährigen sprechen Eltern darüber, wie lange diese – vor Schultagen – abends in ihrem Zimmer noch auf sind.

• Eltern erkundigen sich bei ihrem Kind und sprechen mit ihm darüber, was es in Medien (TV, Videos, PC-Spiele) sieht und spielt. Sie lassen sich alle Spiele, die ihr Kind spielt, entweder von diesem selbst oder von Dritten zeigen und bleiben mit ihm in ständigem Gespräch über diese Produkte.

Es gibt nur eine Sache
in der Welt, die teurer ist als
Bildung: keine Bildung.
Bundespräsident Horst Köhler,
John F. Kennedy zitierend

6 Die Politik, die Wissenschaft und das Problem der Qualitätssicherung

Ich plädiere weder für eine bestimmte Schulform noch für eine bestimmte Schulpolitik. Es gibt mehrere Arten, eine gute Schule zu machen. Wir sollten keiner Beliebigkeit das Wort reden, aber im Bildungswesen auch künftig Raum für Vielfalt lassen. Aufgabe der Politik ist es, Rahmenbedingungen für gute Schulen zu schaffen und Mindeststandards zu definieren, die gewährleistet sein müssen, damit sichergestellt ist, dass jede Schule mit den ihr anvertrauten Schülerinnen und Schülern verantwortungsvoll umgeht und den Bildungszielen der Kinder und Jugendlichen tatsächlich dienen kann.

Die Mindeststandards von Schulen betreffen 1. die baulichen Bedingungen und die Ausstattung der Schulen, 2. eine ausreichende Zahl, Kompetenz und Professionalität der Lehrkräfte und 3. die Lerninhalte (Curricula). An allen drei Voraussetzungen mangelt es: 1. Der bauliche Zustand und die Ausstattung der Schulen sind teilweise skandalös.[123] 2. Wir haben in den Schulen zu wenig Lehr-

---

123 Siehe Christoph Keese, Chefredakteur der *Welt am Sonntag*: »Zu wenig Geld für Kinder«, *WamS*, 12. November 2006.

kräfte und daher zu große Klassen. Lehrkräfte sind in der Regel fachlich gut qualifiziert, doch verfügt ein Teil von ihnen über zu wenig interpersonelle, kommunikative und psychologische Kompetenz. 3. Die Bereiche Musik, Kunst und körperorientierte Ausdrucksformen (Sport, Modern Dance etc.) sind im Angebot der Schulen unterrepräsentiert. Außerdem sollte das Fach Ethik so ausgebaut werden, dass es nicht nur Werthaltungen vermittelt, sondern Schüler auch dazu anleitet, sozial-emotionale Kompetenz[124] zu entwickeln und auszubauen.

Es bleibt unklar, nach welcher Logik wir die Bildungseinrichtung Schule verbessern wollen, wenn wir das Ansehen derjenigen zerstören, die den Kindern und Jugendlichen an vorderster Front Bildung nahebringen sollen. Deshalb sollte sich die Politik, wie ich schon an anderer Stelle betont habe, aller diskriminierender Pauschalurteile über die Lehrerschaft enthalten. Die Leidtragenden solcher destruktiver Äußerungen und Denkweisen sind nicht nur die Lehrer, sondern am Ende vor allem die Schülerinnen und Schüler. Die Schulpolitik sollte keine Spielwiese für Politiker sein. Stattdessen sollten sie sich zum Wert der Bildung bekennen und dies durch ihre Taten zum Ausdruck bringen.

Die Politik muss seriöse Beiträge leisten, die darauf abgestimmt sind, die Schule zu einem Lebensraum für Kinder und Jugendliche zu machen und die Qualität des Unterrichts zu fördern. Hierzu gehört, dass die Klassengrößen auf zwanzig bis fünfundzwanzig Schüler begrenzt

---

124 Ein Programm für einen Unterricht in sozial-emotionalem Lernen ist zum Beispiel das von Manfred Cierpka (Universität Heidelberg) erarbeitete Curriculum »Faustlos«.

werden. Hierzu gehört eine Gehaltsstruktur, die vorsieht, dass Lehrerinnen und Lehrer finanzielle Zulagen bekommen, wenn sie in unattraktiven Bezirken arbeiten, wenn sie Kinder mit besonderem Förderbedarf unterrichten, wenn sie Zusatzqualifikationen erworben haben oder ihr Unterricht zu besonderen Lernerfolgen führt. Hierzu gehört auch, den völlig überlasteten Schulleitungen Assistenten/innen (Büroleiter/innen) zur Seite zu stellen.[125] Hierzu gehört weiterhin ein Investitionsprogramm für die bauliche Modernisierung und moderne Ausstattung von Schulen[126]: Wenn wir Ganztagsschulen und eine Ganztagspräsenz von Lehrkräften wollen, dann müssen nicht nur Schüler eine entsprechend den Anforderungen des heutigen Lebens ausgerüstete Schule vorfinden, sondern jeder Lehrer muss dort auch einen eigenen Arbeitsplatz haben. Und hierzu gehört schließlich auch, dass die Kultusbürokratien sich bemühen sollten, die Flut von Vorschriften und Veränderungen, die jährlich von den Schulen verdaut werden müssen, erheblich zu reduzieren.

125 Die Arbeitsbedingungen für Schulleiter sind aufgrund einer viel zu geringen Deputatssenkung als Ausgleich für die Leitungsaufgaben derart katastrophal, dass sich gute Lehrkräfte nicht mehr um diesen Posten bemühen und die Schulverwaltungen gezwungen sind, auf zweit- und drittklassige Bewerber zurückzugreifen, die sich nicht durch Kompetenz, sondern vor allem durch Karriere-Ehrgeiz auszeichnen.

126 Für Schulbauten zuständig sind überwiegend die Kommunen, die aber kein Geld haben, ja sich teilweise am Rande der Insolvenz befinden. Der Bund sollte ein Investitionsprogramm für Schulbau-Modernisierungsmaßnahmen auflegen und die Zuteilung von Geldern davon abhängig machen, dass die Länder einen proportionalen Beitrag zu jeder einzelnen Maßnahme leisten.

Einer Stellungnahme zur Frage des »richtigen« Schulsystems möchte ich mich hier enthalten. Allein schon der oft und seit Jahren in diesem Zusammenhang benutzte Ausdruck »richtig« zeigt den weltanschaulichen Charakter der Debatte. Gegliederte Schulsysteme haben Vor- und Nachteile, ebenso die Gesamtschulen. Die OECD-Studien konnten weder für das eine noch für das andere System eindeutig überwiegende Vorzüge bzw. Defizite nachweisen, und meines Erachtens ist das kein überraschendes Ergebnis. Denn die Annahme, ein bestimmtes Schulsystem determiniere das Bildungsschicksal eines Kindes, trifft – vorsichtig ausgedrückt – nur begrenzt zu. Neurobiologisch betrachtet, entscheidet sich das Bildungsschicksal eines Kindes an der konkreten Förderung, die es – vor allem in den Jahren vor Schuleintritt – aus seinem privaten, außerschulischen Umfeld erhalten hat und die es während der Schulzeit von seinen Eltern und einzelnen Lehrkräften erhält. Natürlich kann Bildung im engeren Sinne nur in der Schule selbst erworben werden, doch wirkt sich das Ausmaß der privaten Förderung eines Kindes im Zusammenwirken mit der konkreten Qualität des Unterrichts viel nachhaltiger auf den Bildungsweg des Kindes aus als die Art des Schulsystems.

Die Überzeugung, das »richtige« Schulsystem sei in der Lage, den gewaltigen Einfluss des privaten und sozialen Umfelds auf das Bildungsschicksal eines Kindes hinreichend auszugleichen, beruht eher auf Glauben als auf Wissen. Völlig unbestritten ist: Alle Kinder und Jugendlichen haben das Recht auf gleiche Bildungschancen. Niemand kann unsere Hauptschulen »gut« finden.[127] Die Zusammenlegung von Haupt- und Realschule, wie sie in Sachsen und Thüringen bereits realisiert ist, in Bayern erwogen und in Hamburg sowie in Schleswig-Holstein konkret geplant wird[128], dürfte ein richtiger Schritt sein, weil es fatal ist, wenn Hauptschüler das Gefühl haben, ihre Schule sei ein Mittel sozialer Ausgrenzung. Es gehört inzwischen zur »political correctness«, die Abschaffung der Hauptschule zu fordern. Ich glaube aber nicht, dass es als Maßnahme zur Förderung von Jugendlichen, die heute in die Hauptschule gehen, ausreicht, sie mit Schülern der anderen Schultypen in gemeinsame Klassen zu stecken (nach dem Motto »Damit haben wir alles für euch getan, jetzt seht zu, wie ihr zurechtkommt!«). Hauptschüler brauchen mehr als rein organisatorische Veränderungen.

Um milieubedingte Defizite auszugleichen, sind zusätzlich noch andere Schritte notwendig. Jugendlichen, die heute unsere Hauptschulen besuchen, hilft es nicht, wenn wir alle Hoffnungen auf den Tag der Erlösung durch ein einheitliches Schulsystem richten. Vielmehr brauchen sie eine »positive Diskriminierung«, das heißt mehr individuelle, auch den familiären Hintergrund einbeziehende Unterstützung. Wir müssen ihnen in einer besonders hohen Dosis das zur Verfügung stellen, was sie

---

127 Von daher verstehe ich, dass die »Abschaffung der Hauptschule« gefordert wird (unter anderem von dem Kinder- und Jugendforscher Klaus Hurrelmann, siehe *Focus* 48/2006). Die Frage ist, ob wir damit für die betroffenen Jugendlichen mehr erreichen, als wir für Arme erreichen würden, wenn wir die »Abschaffung der Armut« forderten.

128 Hamburg hat vor, die Haupt- und Realschule zu einer »Stadtteilschule« zusammenzulegen. Neben der Möglichkeit eines Abschlusses nach zehn Jahren bietet die »Stadtteilschule« den entsprechend Motivierten und Begabten die Möglichkeit, nach dreizehn Jahren das Abitur zu machen und damit die Hochschulreife zu erwerben. Neben der »Stadtteilschule« soll es weiterhin Gymnasien geben, die nach zwölf Jahren zum Abitur führen.

an spezieller Förderung brauchen: Unterricht in besonders kleinen Klassen, besondere Unterrichtsangebote (vor allem im Bereich Sprache), einen Schwerpunkt auf sozialem und emotionalem Lernen, intensive Schulsozialarbeit und spezielle Hilfestellungen beim Übergang in weiterführende Schulen oder ins Berufsleben. Solche Maßnahmen erscheinen mir auch dann unumgänglich, wenn Haupt- und Realschulen – was ich keineswegs für einen falschen Schritt halte – zusammengelegt werden.

Bildungsforschung und Qualitätssicherung

Mit der Frage, ob das, was im Rahmen der OECD-Studien (PISA) unter der Leitung von Statistikern, Mathematikern und Physikern an Daten erhoben wurde, Bildungsforschung ist, möchte ich mich hier nicht auseinandersetzen. An den Methoden und Aussagen dieser Untersuchungen sind jedenfalls – von durchaus kompetenten Kritikern – erhebliche Zweifel geäußert worden.[129] Pädagogik und Arbeit an Bildung ist mehr als Fragebogenaktionen und angewandte Mathematik. Das wirklich Gute am PISA-Projekt der OECD war und ist aber zweifellos, dass es eine Diskussion angestoßen hat und die Öffentlichkeit sich seither mit den Missständen bei der Versorgung unserer Kinder und mit den Mängeln in unseren Bildungseinrichtungen befasst.

---

129 Siehe dazu Thomas Jahnke und Wolfram Meyerhöfer (Herausgeber): PISA & Co. Kritik eines Programms, Franzbecker, Hildesheim 2006. Die Kritik betrifft eine schier endlose Reihe von methodischen und die Auslegung betreffenden Aspekten. Hier nur ein (eher unwichtiges) Beispiel: Nach Einbeziehung der Türkei mussten die Durchschnitts-Normwerte für die Evaluierung der Leistungen nach unten korrigiert werden. Dadurch »verbesserten« sich andere Länder wie Deutschland um mehrere Punkte.

Die durch die OECD-Erhebungen zutage geförderte Einsicht, dass Bildungschancen in Deutschland in hohem Maße durch den privaten und sozialen Hintergrund des einzelnen Kindes oder Jugendlichen determiniert werden, ist weniger überraschend, als es vielfach dargestellt und wahrgenommen wurde. Erstaunlich aber ist die verbreitete naive Suggestion, die Schule habe das uneingeschränkte Potenzial, die Defizite auszugleichen, die durch die unterschiedliche, teilweise sehr mangelhafte Förderung von Kindern in ihrem privaten und sozialen Umfeld erzeugt werden. Da die Schulen diese Erwartung offensichtlich nicht befriedigen konnten, mussten – gemäß der Logik dieser Suggestion – die Lehrer schlecht sein. Solche Töne waren, im Anschluss an die Veröffentlichung der ersten PISA-Daten, zum Beispiel von Gerhard Roth, dem Präsidenten der Studienstiftung des deutschen Volkes, oder vom Koordinator der OECD-Studien Andreas Schleicher zu hören.[130] Inzwischen ist etwas Besinnung eingetreten. Man beginnt zu erkennen, dass die Schule nicht all das kompensieren kann, was die Gesellschaft und das private und soziale Umfeld unseren Kindern und Jugendlichen schuldig bleiben, und dass wir uns, um die Probleme der Schule zu verstehen, mit Fragen wie der elterlichen Fürsorge, der Kindergartenversorgung, der Sprachkompetenz von Migrantenkindern oder auch mit dem Medienkonsum von Jugendlichen beschäftigen müssen.

---

130 Andreas Schleicher, von Beruf Physiker und Mathematiker, kritisierte die »weiche« Wissenschaft der Pädagogik, die »eine Ansammlung von Erfahrungen, keine empirische Wissenschaft« sei (*stern*, 8. September 2004). Dieses Statement ist bemerkenswert, denn »empirische Wissenschaft« ist per definitionem die Schöpfung von Wissen aus Erfahrung. Auf welche andere Basis als die »Ansammlung von Erfahrungen« Andreas Schleicher Empirie stützen möchte, ist unklar.

Mess- und Kontrollsysteme, die wir von außen auf Industriebetriebe, Dienstleistungseinrichtungen, Arztpraxen, Krankenhäuser oder Schulen loslassen, haben die Tendenz, zu parasitären Apparaten zu werden, zu Biotopen, in denen sich viele Zaungäste ernähren, ohne letztlich die Einrichtungen zu stärken, die sie evaluieren und kontrollieren sollen.[131] »Vom vielen Wiegen wird die Sau nicht fett«[132], und Schüler werden vom Testen nicht klüger. Ohne Frage: Was Schulen tun, sollte überprüft und bewertet werden. Dies sollte aber nicht im Rahmen von methodisch fragwürdigen Großaktionen wie jenen der OECD geschehen, sondern durch integrierte Qualitätssicherung, also in den Schulen selbst. Einrichtungen, die nicht permanent die Zielscheibe unqualifizierter Kritik und Polemik sein wollen, tun gut daran, sich ein schlankes, aber effizientes Qualitätssicherungsmanagement (QM) aufzubauen, dessen Zweck es ist, geleistete Arbeitsprozesse zu beschreiben, zu evaluieren und – darauf kommt es vor allem an – sicherzustellen, dass sie von den Rückmeldungen über die Qualität der geleisteten Arbeit profitieren können, die ihnen fortlaufend zufließen.

Schulen produzieren nicht nur Ergebnisse, also mehr oder minder gelingende Bildungserfolge von Schü-

---

131 Berichte über das »No child left behind«-Programm der USA zeigen, dass sich trotz flächendeckender Leistungstests und Sanktionen gegen erfolglose Schulen für das Bildungsniveau der Kinder kein positiver Effekt ergeben hat. Eine »Inflation von Tests« erbrachte keinerlei konkrete Hilfen für Problemschulen. Siehe Tanjev Schultz: »Großes Gefälle«, *Süddeutsche Zeitung*, 4. November 2006.

132 An dieses Sprichwort erinnerte – mit einem kritischen Blick auf die PISA-Studien – Jeanette Goddar (*Frankfurter Rundschau*, 28. November 2006). Matthias Kamann äußerte in einem Leitartikel der *Welt*: »Verächtlichkeit schlägt Lehrern auch aus den Kultusbürokratien entgegen, die seit PISA immer neue Evaluierungen und Kompetenzstandards produzieren, welche oft nur dazu dienen, bei der nächsten Vergleichsstudie dem Schema der OECD-Forscher besser gerecht zu werden« (2. Dezember 2006).

lerinnen und Schülern (in der Sprache des QM würde man hier von »Ergebnisqualität« sprechen).[133] Vor dem *Ergebnis* steht – auch in der Schule – der *Prozess*, all das, was unter anderem im Unterricht passiert: das Erklären, das gemeinsame Erarbeiten und Lernen. Auch beim Prozess, der im Falle der Schule ein hohes Maß an Kommunikation einschließt, geht es um Qualität (in der QM-Sprache als »Prozessqualität« bezeichnet), die sich nicht nur darin widerspiegelt, wie gut Schüler verstehen, was ihnen im Unterricht nahegebracht wird, sondern auch darin, wie sie das Unterrichtsklima erleben. Zur Prozessqualität zählt auch, was vom Schulalltag zu Hause bei den Eltern ankommt, da diese (bzw. diejenigen, die für einen Schüler sorgen) Teilnehmer des Schulgeschehens sind. Zur Prozessqualität trägt aber zudem bei, wie die Lehrerinnen und Lehrer die Schule erleben, und strenggenommen müsste sie sogar die Frage mit einschließen, wie Schülerinnen und Schüler die häusliche Unterstützung ihres schulischen Bemühens erleben. Der Schaden, den fehlendes Qualitätssicherungsmanagement anrichten kann, zeigt sich, wie in Kapitel 3 ausgeführt, unter anderem daran, welche Wege Rückmeldungen von Eltern an die Schule nehmen.

Ein in der einzelnen Schule implantiertes Qualitätssicherungsmanagement muss 1. schlank und unbürokratisch sein, es muss aber 2. die entscheidenden Prozesse und Ergebnisse erfassen, und es muss 3. diese Ergebnisse den Schulteilnehmern (Schülern, Lehrern, Eltern) so zu-

---

133 Zu den »Ergebnissen« der Schule sind nicht nur die in Noten ausdrückbaren Leistungen zu zählen, sondern auch kreative Projekte, die Schüler gemeinsam mit Lehrern realisieren (Theaterinszenierungen, Musikaufführungen etc.).

rückmelden, dass ein permanenter Selbstverbesserungs-prozess stattfinden kann. Die meisten Hochschullehrer – auch viele von denen, die anfangs darüber pikiert waren, dass ihre Studenten die Qualität der Lehre beurteilen soll-ten – haben es schließlich nicht nur als wichtig, sondern auch als sehr reizvoll (und als Anreiz) empfunden, ihre Vorlesungen evaluieren zu lassen. Ebenso hilfreich und nützlich ist es, wenn Kliniken Informationen über die Zu-friedenheit der Patienten und der zuweisenden Ärzte er-halten. Auch jede einzelne Schule – und jede einzelne Lehrkraft – sollte sich dafür interessieren, wie Schüler die Qualität des Unterrichts, das Schulklima, aber auch die Art erleben, wie sie miteinander umgehen. Sie sollte sich dafür interessieren, welches Bild Eltern von ihr haben. Und Lehrer sollten sich permanent um eine klare Einschät-zung ihrer Zusammenarbeit untereinander und ihrer Be-ziehung zur Schulleitung bemühen. *Die Evaluation von Schulen muss eine Evaluation* in *den Schulen sein, und sie muss sich gegen das hysterische Theater behaupten, das Großorganisationen wie die OECD veranstaltet haben und weiter veranstalten werden.*

Lehrerverbände

Lehrerverbände haben eine ungemein wichtige Funktion in dem Bemühen, das Bildungssystem als Ganzes zu opti-mieren, einer Aufgabe, der sie sich in den letzten Jahren zunehmend stellen. Die Entwicklung, die hier stattfinden musste und weiterhin stattfinden muss, besteht darin, die rein defensiven Positionen der Besitzstandswahrung hinter sich zu lassen und stattdessen an der Professionalisierung des Berufsstandes und an der Weiterentwicklung des Bildungssystems mitzuwirken. Entscheidende Schritte auf diesem Weg sind 1. die *Ganztagspräsenz* in der Schule (verbunden mit der Forderung, dass dort jede Lehrkraft einen Arbeitsplatz haben muss)[134]; 2. das Drängen auf *Qualitätssicherungsmaßnahmen* und die Mitwirkung an ihrem Vollzug; 3. die Bereitschaft, sich nicht nur fachlich weiterzubilden, sondern vor allem auch in der *Kompetenz, Beziehungen zu gestalten;* 4. die Einforderung und *Mitgestaltung von leistungsbezogenen Zulagen*[135] und 5. die Beachtung von Fragen der *Lehrergesundheit* (Informationen, Präventionsmaßnahmen, konkrete Hilfestellungen) in der Arbeit des jeweiligen Verbandes.

---

134 Lehrerinnen und Lehrer, die nur halbtags tätig sein wollen oder können, sollten dazu auch weiterhin die Möglichkeit haben, allerdings im Rahmen einer entsprechenden Teilzeitstelle.

135 Solche Zulagen sollten, wie schon erwähnt, zum Beispiel gewährt werden für die Tätigkeit in wenig attraktiven Bezirken, für die Arbeit mit Schülern mit besonderem Förderbedarf, für im Rahmen von Fortbildungsmaßnahmen erworbene besondere Qualifikationen etc.

Journalist: »Mr. Gandhi, what do
you think of Western civilization?«
Gandhi: »I think this would be
a good idea.«[136]

7 Junge Menschen, die Schule und das Land, in dem wir leben

Zu den Grundirrtümern unserer Zeit gehört die – leider überaus folgenschwere – Ansicht, Kinder und Jugendliche seien biologische Selbstläufer, deren Entwicklung von einem inneren genetischen Programm gesteuert werde und deren Gedeihen gesichert sei, wenn man in ausreichendem Maße für Unterkunft, Hygiene und Ernährung sorge. Seien diese Voraussetzungen erfüllt, müsse man sie nur noch – das wäre dann »Bildung« – darüber instruieren, wie die Welt funktioniert. Was Kinder und Jugendliche erlebten und welche Modelle sie ihrer Umgebung entnähmen, sei dann mehr oder weniger irrelevant.

Am Entstehen dieser erst durch die moderne Neurobiologie widerlegten Auffassung waren Naturwissenschaften und Medizin nicht unbeteiligt. So trennte man die »harten« Naturwissenschaften inklusive Biologie, in denen man es mit stofflichen Realitäten zu tun hatte, fein säuberlich von »weichen« Disziplinen wie der Psychologie

---

136 Mahatma Gandhi (1869–1948), seinerzeit wegen seiner Politik des gewaltfreien Widerstands gegen die Kolonialherrschaft weltbekannter indischer Menschenrechtler und Pazifist. Journalist fragt: »Mr. Gandhi, was denken Sie über westliche Zivilisation?« Gandhi antwortet: »Ich denke, das wäre eine gute Idee.«

und der Pädagogik, wo man sich – das war Teil dieses Konzepts – »nur« mit Dingen beschäftigte, die den Bereich des menschlichen Zusammenlebens betreffen und die weitgehend dem Geschmack (oder der Einbildung) des Einzelnen überlassen blieben.[137] So betrachtet, ist die Biologie, also die Lehre von lebenden Wesen, nichts weiter als Physik und Chemie, und Kinder sind demnach, soweit es ihre Entwicklung betrifft, Teil der biologischen, also letztlich stofflichen Realität, so dass mit ihnen, wenn die physikalischen und chemischen Rahmenbedingungen stimmen, alles »normal« verlaufen sollte. Nach dieser Logik kann es bei Kindern, die Probleme im Bildungsprozess haben, nur zwei Gründe für die »Fehlentwicklung« geben: Wenn sie keine – durch entsprechende Gene oder Erkrankungen verursachte – Störung in der biologischen Ausstattung haben, dann bleibt nur die Möglichkeit, dass sie nicht gut genug instruiert wurden, dann war also die Schule schuld.[138] Der Nachteil dieses Konzepts ist: Es ist nicht nur falsch, sondern – mehr noch – schädlicher Unfug.

Biologische Systeme, vom Einzeller bis zum Menschen, sind keine »Entwicklungsautomaten«, sondern Lebewesen, die permanent mit der sie umgebenden Umwelt kommunizieren und dabei ihren eigenen stofflichen Zustand ständig verändern. Spezifische Interaktionen zwischen Organismus und Umwelt haben spezifische biologische Folgen für den Organismus. Die »Umwelt« des Menschen ist – neben der Natur, in der wir leben – unsere soziale Umgebung. Mit anderen Worten: Unser biolo-

---

137 Dieses Konzept geht auf René Descartes zurück, der die stoffliche Realität (»res extensa«) von der geistigen (»res cogitans«) trennte.

138 Dies ist die Logik der OECD, vieler Kultusbürokratien und eines großen Teils der Öffentlichkeit.

gisch relevantes »Biotop« sind in hohem Maße Menschen – und was wir mit ihnen erleben. Gene, die unser Körpermilieu regulieren, sind keine auf »Autopilot« gestellten Programme, sondern werden selbst reguliert, und zwar durch Signalstoffe, die – aus ihrer Sicht – von außen kommen und auf sie einwirken.[139] Zwischen die Umwelt und den eigenen Körper (einschließlich seiner Gene) ist beim Menschen das Gehirn geschaltet[140], welches mit den fünf Sinnen die äußere Realität erfasst und die aus ihr aufgenommenen geistig-seelischen Eindrücke in biologische Signale verwandelt.[141]

Das Gehirn macht, wie ich bereits am Anfang dieses Buches ausgeführt habe, aus Psychologie (aus zwischenmenschlichem Erleben) Biologie. Die entscheidende Frage hinsichtlich der Entwicklung eines Kindes und seiner Bildungspotenziale lautet nun: Welches zwischenmenschliche Erleben (Psychologie) führt im Gehirn und im Körper des Kindes zu einer optimalen Biologie bzw. zu einer optimalen geistigen Entwicklung? Die Antworten aus neurobiologischer Perspektive lauten: Kinder brau-

---

139 Signalstoffe, die an die »Schalter« der Gene (an die sogenannten »promoter«) andocken können, werden Transkriptionsfaktoren genannt. Sie müssen ihrerseits durch Signale aktiviert werden. Signale, die Transkriptionsfaktoren aktivieren und Gene regulieren, können sowohl von innen als auch von außen kommend auf den Körper einwirken. Psychisches Erleben hat, indem es vom Gehirn in biologische Signale umgewandelt wird, einen nachgewiesenen Einfluss auf die Genregulation.

140 Allgemeiner formuliert: Bei Lebewesen, die ein Nervensystem haben, ist eben dieses Nervensystem zwischengeschaltet, aus dem sich bei allen höheren Tieren das Gehirn entwickelt hat. Lebewesen ohne Nervensystem, zum Beispiel Amöben, vollziehen den Austausch mit der Umwelt sozusagen selbst: Ihre Außenfläche ist zugleich einziges Wahrnehmungsorgan.

141 Im Gehirn eintreffende Sinneseindrücke, die in Neuronennetze eingespeist und dadurch zu geistig-seelischen Eindrücken komponiert werden, führen dort zu bioelektrischen Erregungen und zur Ausschüttung von Überträgermolekülen (Neurotransmitter). Diese wiederum setzen Signalketten in Gang, die bei den Genschaltern enden.

chen persönliche Bindungen zu Bezugspersonen, um ihre Motivationssysteme zu entfalten.[142] Sie brauchen Einfühlung und Unterstützung, um sich frei von Angst der Welt zuwenden und lernen zu können.[143] Kinder und Jugendliche brauchen Bezugspersonen, nicht nur um von ihnen gefordert zu werden und sich an ihnen als Vorbildern zu orientieren, sondern auch um von ihnen eine Vision von der eigenen Entwicklung und den eigenen Potenzialen zurückgespiegelt zu bekommen.[144] Zwischenmenschliche Beziehungen sind für Kinder eine Art essenzielles Vitamin, sie sind ebenso wichtig wie gesunde Ernährung und ausreichender Schlaf.

Elternhaus und Schule als »mirror system«: Einfühlung und Spiegelung – das unsichtbare Band, das Kinder und Jugendliche ins Leben führt

Kinder brauchen zwischenmenschliche Bindungen. Doch wie entstehen diese? Wie entsteht zwischen Menschen das Gefühl einer besonderen Zugehörigkeit? Worauf beruht bei Kindern und Jugendlichen das Gefühl einer Verbundenheit, die

---

142 Neurobiologische Studien zeigen, dass liebevolle Zuwendung bereits im Säugling zur Freisetzung von Motivationsbotenstoffen führt (siehe Joachim Bauer: Prinzip Menschlichkeit, Heyne Taschenbuch, Münschen 2008)

143 Das Ausmaß an liebevoller Zuwendung, das der Säugling in der ersten Lebensphase erhält, justiert die biologischen Stresssysteme. Ein Mangel an liebevoller Zuwendung in der Säuglingszeit hat eine dauerhafte Sensibilisierung der körpereigenen Angst- und Stresssysteme zur Folge (ibidem).

144 Siehe Joachim Bauer: Warum ich fühle, was du fühlst. Intuitive Kommunikation und das Geheimnis der Spiegelneurone. Heyne Taschenbuch, München 2006.

ihnen Sicherheit vermittelt? Bindung ist ein neurobiologisch verankertes Geschehen: Sie beruht auf
der Erfahrung, dass ein anderer Mensch so fühlen
kann, wie man selbst fühlt. Da die meisten Menschen untereinander vieles nachempfinden können, sind wir – bis zu einem gewissen Grad – alle
einander auf unmerkliche Weise verbunden. Die
besondere Verbundenheit von Kindern oder Jugendlichen ergibt sich jedoch daraus, dass sie in
vielen Situationen des Alltags immer wieder erlebt
haben, wie sich ihre Angehörigen – oder auch ihre
Lehrer – in spezifischer Weise in sie einzufühlen
vermochten.

Einfühlung ist der Versuch, mir vorzustellen, wie
es für mich wäre, wenn ich mich in der Situation
des anderen Menschen befände. Ein geistiger Ver-
renkungsakt? Keineswegs! Unser Gehirn besitzt ein
über verschiedene Regionen ausgebreitetes Netzwerk von Nervenzellen, deren Job es ist, nur eines
möglich zu machen: Einfühlung, Empathie. Dieses Netzwerk ist das System der Spiegelneurone
(»mirror neuron system«, MNS). Sie machen es
möglich, dass ich mit meinem Gehirn fühle, was
ein anderer Mensch fühlt, den ich in meiner
unmittelbaren Umgebung erlebe. Spiegelneurone
verwerten die Zeichen (Sprache, Körpersprache),
die der Körper eines anderen aussendet, und re-
konstruieren daraus, was in diesem Menschen vor-
geht. Unser Gehirn ist, wie es amerikanische Hirn-
forscher ausdrücken, ein »social brain«.

Menschen sind nicht »gut«, aber sie sind – aus neurobiologischer Sicht – auf gelingende Beziehungen

geeicht, an deren Anfang die Einfühlung steht. Wir sind von Natur aus dafür geschaffen, mitzufühlen und danach zu handeln. Nehmen Sie sich die Zeit und machen den Versuch, sich in einige Menschen aus Ihrer direkten täglichen Umgebung einzufühlen. Gehen Sie dann einen Schritt weiter und konzentrieren Sie sich auf diejenigen Menschen, mit denen Sie besondere Schwierigkeiten haben. Wenn Sie Vater oder Mutter sind: Versuchen Sie sich in das Kind einzufühlen, das Ihnen am meisten Kummer bereitet (oder vergegenwärtigen Sie sich eine Situation, in der Sie das Kind besonders schlecht verstanden haben, und versuchen Sie nochmals, sich in es hineinzuversetzen).

Wenn Sie Lehrerin oder Lehrer sind: Versuchen Sie sich in den Schüler und in die Schülerin einzufühlen, die Ihnen derzeit den größten Ärger bereiten. Machen Sie außerdem folgendes Experiment: Probieren Sie aus, was dabei herauskommt, wenn Sie das Gleiche zusammen mit drei anderen Lehrkräften tun, wenn sich also vier Lehrkräfte in *einen* äußerst schwierigen Schüler (natürlich kann es auch eine Schülerin sein) einzufühlen versuchen und sich darüber austauschen. Sie werden dann die fast magische Kraft erleben, die von vier miteinander vernetzten »mirror neuron systems« ausgeht. Sie werden plötzlich einige erstaunliche neue Ideen haben, was den Umgang mit diesem Schüler/dieser Schülerin betrifft!

Familie und Schule müssen, jeweils für sich, ein »mirror system« werden, das heißt, Eltern und Lehrer müssen Einfühlung üben. Eine Familie und eine Schule, die damit beginnen, werden feststellen: Empathie ist – auch das verdanken wir den Spiegelnervenzellen – eine »ansteckende Krankheit« (die Neuroforschung spricht hier tatsächlich von »emotional contagion«, also von »emotionaler Ansteckung«). Wenn Eltern oder Lehrkräfte Kindern und Jugendlichen zeigen, dass sie das Instrument der Einfühlung in ihrem Handgepäck haben und damit umzugehen wissen, dann wird das nicht ohne Wirkung auf die Heranwachsenden bleiben. Mit Einfühlung umzugehen heißt nicht, »Friede Freude Eierkuchen« zu zelebrieren oder sich gegenseitig in Watte zu packen. Mit Einfühlung zu arbeiten heißt, so zu handeln, dass die Situation des anderen berücksichtigt wird, dass meine Handlungen zur Situation des anderen passen. Für Lehrkräfte bedeutet Einfühlung gegenüber Schülern, als Skipper eines Schul-Segelboots auf hoher See die Mitglieder der Crew so einzusetzen, dass sie nicht krank werden und nicht über Bord gehen, sondern – bei allen Härten, die sie aushalten müssen – Lust haben, weiter zur Besatzung zu gehören.

Allein mit Einfühlung ist das Potenzial der Spiegelneurone für den Bildungsprozess jedoch noch nicht hinreichend beschrieben. Eltern und Lehrer reagieren auf das Auftreten eines Kindes oder Jugendlichen. Sie tun dies manchmal unmerklich, manchmal deutlich, sie tun es auch dann, wenn es ihnen gar nicht bewusst ist. Es ist unmöglich, auf ein Kind oder einen Jugendlichen nicht zu reagieren. Eltern und Lehrer spiegeln dem Kind also etwas zurück, und Kinder und Jugendliche suchen nach dem Spiegelbild, das sie in ihnen hervorrufen. Warum? Sie wollen spüren, dass sie wahrgenommen werden, dass sie überhaupt da sind. Sie wollen aber auch wissen, *wer* sie sind, wie sie eingeschätzt werden. Doch damit nicht genug.

Die Spiegelungen, die sie von Erwachsenen erhalten, haben für sie noch eine weitere Bedeutung. Heranwachsende befinden sich mitten in einer Entwicklung, von der sie nicht wissen, wohin sie führt, und die ihnen daher durchaus auch Angst macht. Deshalb suchen Kinder und Jugendliche in dem Bild, das sich Eltern und Lehrkräfte von ihnen machen, nach einer Auskunft darüber, was sie werden (könnten), was sie sich zutrauen dürfen, worin ihre Potenziale und Entwicklungsmöglichkeiten liegen. Dieser Suchprozess läuft im Kind und im Jugendlichen unbewusst ab, und doch ist er, wenn es um Erziehung und Bildung geht, einer der wichtigsten Vorgänge überhaupt. Mittels der Art, wie wir dem Heranwachsenden durch unser Reden und Verhalten Auskunft über sich selbst geben, legen wir also einen »Korridor« an, der in die Zukunft weist und in dem sich – bis zu einem gewissen Grad – die Kraft einer sich selbst erfüllenden Prophezeiung entfalten kann.[145]

---

145 Der bereits mehrfach zitierte Schüler Dustin Klinger, Sprecher der Kollegstufe des Internats Schloss Salem, hat dies in wunderbarer Weise wie folgt ausgedrückt: »Wenn ich überlege, was bei meiner Erziehung entscheidend gewirkt hat, ist es der Glaube, den meine Eltern stets in mich hatten, und das hohe Vertrauensverhältnis zwischen ihnen und mir.« *Frankfurter Allgemeine Zeitung*, 18. Januar 2007.

Kinder und Jugendliche erhalten somit aus der Spiegelung, die sie in Eltern und Lehrern auslösen, eine Auskunft über ihre Zukunft. Gute Pädagogen dürfen das Kind nicht »gesundzubeten« versuchen, sie sollen es durchaus auch in seinen Schwächen beschreiben. Das Kind will schließlich spüren, dass es in seiner ganzen Bandbreite wahrgenommen wird. Der entscheidende Kunstgriff guter Pädagogen besteht aber darin, Kritik am Kind nicht so zu äußern, dass es sich zu seinen schlechten Eigenschaften gleichsam verdammt fühlt (»Von dir kenne ich ja nichts anderes!« – »Das ist ja wieder mal typisch für dich!« – »Von dir erwarte ich inzwischen gar nichts anderes mehr!« – »Ja, schaut nur, der (die) gute XYZ, das ist ja wieder mal eine tolle Leistung!« – »Wenn du so weitermachst, wird aus dir nie was!«).

Die Kunst der Erziehung besteht darin, gegenüber dem Heranwachsenden die Benennung von Mängeln mit der Perspektive einer Entwicklung zu kombinieren, so dass er (oder sie) den »Korridor« erkennt, der in der Vorstellung des Erwachsenen aus den momentanen Problemen hinausweist. Eine solche Vision muss nicht unbedingt immer *simultan* mit der Kritik einhergehen. Kritik kann im Einzelfall durchaus für sich in den Raum gestellt werden, wenn sie das Kind nicht demütigt und auf die kritisierten Eigenschaften festlegt. Wichtig ist: Das Kind/der Jugendliche sollte in dem, was wir ihm als Erwachsene zurückspiegeln, immer wieder einer Entwicklungsperspektive begegnen.

Alles, was wir an Kinder und Jugendliche – auch

außerhalb von Elternhaus und Schule – herantragen, ist ein von jungen Leuten unbewusst aufgenommenes Signal und eine Auskunft darüber, was sich die Gesellschaft im Ganzen als Zukunft unserer Jugend vorstellt. Fernsehsendungen am Nachmittag, in denen der Kern des Programms darin besteht, dass sich Studiogäste (zum Beispiel ein befreundetes junges Paar oder Familienangehörige, etwa eine Mutter und ihr jugendlicher Sohn) gegenseitig in aggressivster Weise der unglaublichsten Dinge beschuldigen, sich bloßstellen und demütigen, sind eine Auskunft an die jugendlichen Zuschauer, wie sie sich später das Zusammenleben vorzustellen haben. Wenn Kinder und Jugendliche zusehen, wie Gleichaltrige, die sich vor einem Millionenpublikum in eine Castingshow trauen, etwas vorsingen und daraufhin voller Verachtung und Häme niedergemacht werden, dann ist das für sie der »Korridor«, den sie gehen werden (und das heißt unter anderem: Später werden sie *uns* entsprechend behandeln). Und wenn inzwischen knapp eine Million meist männliche jugendliche »Intensivspieler« täglich stundenlang vor dem Computer Krieg spielen und andere Menschen jagen und abmurksen, dann ist auch das eine Zukunftsvision, die wir der Jugend mit auf den Weg geben. Deshalb wird es nicht dabei bleiben, dass immer mehr Problemjugendliche ausrasten.

Bildung beginnt mit dem ersten Lebenstag

Was Kinder in ihrem privaten und sozialen Umfeld außerhalb der Schule erlebt haben und erleben, hat neurobiologische Folgen, die Bildungspotenziale massiv beeinflussen können. Kinder, die im ersten Lebensjahr keine zuverlässige und einfühlsame Bindung zu einer Hauptbezugsperson hatten, sind mit einem erhöhten Risiko seelischer Instabilität belastet. Bei Kindern, die in den ersten fünf Lebensjahren oft oder über längere Zeit allein gelassen wurden, sich nicht sicher gebunden fühlten oder traumatisierende Trennungen zu verkraften hatten, wächst die Neigung zu depressiven Störungen. Kinder mit hohem Fernsehkonsum in den ersten Lebensjahren zeigen nachgewiesenermaßen eine stärkere Tendenz, ein Aufmerksamkeitsdefizit-Hyperaktivitäts-Syndrom (ADHS) zu entwickeln. Bei Kindern, die von sexuellem Missbrauch betroffen waren, stellen sich schwere psychische Störungen ein. Und schließlich haben Kinder und Jugendliche, die keine stabilen familiären Bindungen hatten oder selbst von Gewalt betroffen waren, auch ein erhöhtes Risiko, selbst gewalttätig zu werden, und das Gleiche gilt, wie schon erwähnt, für Jugendliche, die sich gewohnheitsmäßig brutalen Szenerien hingeben, wie sie von den Medien angeboten werden. Alle nachteiligen Bedingungen, die ich hier erwähnt habe, können zusätzlich zu psychosomatischen Beschwerden führen und schließlich auch das kognitiv-intellektuelle Leistungsvermögen beeinträchtigen. Schulen müssen ein optimales Angebot bereithalten, aber wir sollten uns klar vor Augen halten, dass die Frage, ob ein Kind in der Schule Erfolg hat oder nicht, zu mindestens gleichem Anteil außerhalb der Schule entschieden wird.

Hat ein Kind mit ungünstigem häuslichem Hintergrund demnach – aus neurobiologischer Sicht – keine Chance im späteren Leben? Keineswegs! Der Einfluss von guten oder schlechten Beziehungserfahrungen geht lebenslang weiter, die sogenannte Plastizität (Formbarkeit)[146] des Gehirns endet nicht mit der Kindheit oder Jugend. Was sie zu Hause nicht bekommen können, versuchen sich Kinder außerhalb der Familie zu beschaffen.[147] Kinder sind, neurobiologisch und psychologisch gesehen, wie ein Schwamm: Sie spüren, wie sehr sie Zuwendung brauchen, und saugen sich mit guten Beziehungserfahrungen voll, wo immer sich ihnen Gelegenheit dazu bietet. Dabei können für sie, wenn Eltern sich mit der Fürsorge für das Kind schwertun, liebevolle Großeltern oder andere Verwandte die »Rettung« sein. Aber auch Lehrerinnen oder Lehrer können, auch wenn sie mit Schülerinnen und Schülern keine privaten Beziehungen eingehen sollten und dürfen, in Einzelfällen für ein Kind oder einen Jugendlichen als Vorbilder, als Mentoren, persönliche Gesprächspartner, in Einzelfällen auch als eine Art »Seelsorger« eine bedeutende Rolle spielen.[148]

---

146 »Plastizität« ist ein neurobiologischer Fachausdruck, der sich auf die Tatsache bezieht, dass alles Erleben und Verhalten Rückwirkungen auf die Verschaltungen von Nervenzellen des Gehirns hat. Kinder, die viel üben, optimieren die neuronalen Schaltkreise, die dafür sorgen, dass das Geübte auch beherrscht wird. Eine besonders positive Wirkung auf das kindliche Gehirn hat frühe Musikerziehung. Gewalt und Traumatisierung beeinflussen das Gehirn in negativer Weise und können – auf lange Sicht – Nervenzellen absterben lassen. Erziehung sollte das Kind daher zwar fordern, aber nicht mit Einschüchterung, Terror oder Gewalt einhergehen.

147 Dies ist natürlich auch mit Risiken verbunden. Wie bereits in Kapitel 1 erwähnt, steigt bei Beziehungsdefiziten das Risiko, an einer Sucht zu erkranken, sei sie stoffgebunden (Drogen, Alkohol) oder nicht (Internet, Computerspiele).

148 Lehrkräfte sollten sich davor hüten, sich psychotherapeutische Aufgaben aufzuhalsen. Sie sollten es aber sehen und erkennen, wenn ein Kind oder Jugendlicher psychisch belastet ist. Wenn sie den Zugang zu dem betreffenden Kind oder Jugendlichen finden, können sie unter vier Augen vorsichtig nachfragen, ob ihn/sie etwas

Durch die Beziehung zu Lehrern oder Lehrerinnen lernen Kinder und Jugendliche oft eine neue, andere Art kennen, die Welt und das Leben zu sehen und sich Herausforderungen zu stellen. Insofern können Lehrerpersönlichkeiten für sie eine »zweite Chance« sein. Lehrerinnen und Lehrer sollten sich der Verantwortung bewusst sein, die ihnen daraus erwächst. Angesichts der demografischen Entwicklung könnte zudem älteren, geistig fitten Menschen die Aufgabe zufallen, Schulpatenschaften für jene Kinder oder Jugendlichen zu übernehmen, die zu Hause nicht ausreichend gefördert werden können. Solche Initiativen ließen sich an die Schulen andocken.

In welcher Welt wollen wir leben?
Oder: Fühlen sich Kinder und Jugendliche willkommen?

Am Ende eines Buches, in dem fast nur von den Problemen der Schule und ihres unmittelbaren Umfeldes, von Problemursachen und Lösungsansätzen die Rede war, sei es erlaubt, für einen Moment einen Schritt zurückzutreten und die Situation nochmals aus etwas größerem Abstand auf uns wirken zu lassen. Vielleicht sollten wir die Lernschwierigkeiten von Kindern und Jugendlichen in Deutschland nicht nur als ein »Bildungsproblem« betrachten – auch wenn wir zweifellos ein solches haben. Vielleicht handelt es sich zugleich um mehr. Wir Erwach-

---

bedrückt. Zeigt sich eine umfangreichere Problematik (Antriebsverlust bzw. Depressivität, Angstsymptome, Schlafstörungen, Essstörungen, schwere Lernstörungen, Selbstverletzungsverhalten oder Impulskontrollprobleme), sollte man zu einer kinder- oder jugendpsychologischen Behandlung raten.

senen, die wir uns daran gewöhnt haben, so zu leben, wie wir leben, spüren oft kaum noch, was uns das Leben, so wie wir es leben, tatsächlich abfordert und welches hohe Maß an Unwirtlichkeit[149] es uns zumutet. Leben wir in einer Welt, die noch menschenfreundlich ist und Kinder und Jugendliche willkommen heißt?

Der wirtschaftliche Druck hat in den letzten Jahren in einem Ausmaß zugenommen, der Millionen von Menschen, die Arbeit haben wollen, dazu zwingt, sich fast alles zumuten zu lassen: Entwurzelung (auch »Mobilität« genannt), Arbeit bis spät am Abend und am Wochenende (»Flexibilisierung der Arbeitszeit«), Arbeit ohne planbare Perspektive (»Minijobs«) und ohne Bezahlung (»Praktikum«). Das Alternativangebot lautet Arbeitslosigkeit, von der etliche Millionen Menschen betroffen sind. Im Zuge dieser Entwicklung sind wir – ohne es zu merken – zumindest mit einem Teil unserer Existenz wieder dort angekommen, wo wir schon einmal gestanden haben[150]: in einer Welt, in der das Leben jedes Einzelnen vom ökonomischen Druck, von angeblichen oder tatsächlichen wirtschaftlichen Zwängen dominiert ist, denen sich alles andere unterzuordnen hat. In einer solchen Gesellschaft sind die Dinge auf den Kopf gestellt: Die Wirtschaft hat nicht mehr dem Menschen zu dienen, sondern der Mensch ist nur noch für die Wirtschaft da. Manche Ge-

---

149 Ich hatte den Impuls, hier von »Unmenschlichkeit« zu sprechen, was mir dann aber angesichts dessen, was Menschen in vielen Ländern der Welt aushalten, aber auch in Anbetracht der historischen Erfahrungen in unserem eigenen Land unangemessen schien.

150 Es gab einmal – das ist einige Jahrzehnte her – Plakate, auf denen Kinder mit dem Slogan »Samstags gehört Papi mir!« abgebildet waren. Das war in einer Zeit, als alle Beschäftigten noch regelmäßig samstags zu arbeiten hatten, als es noch eine Achtundvierzig-Stunden-Woche gab und man um die Vierzig-Stunden-Woche kämpfte.

setze, die in den letzten Jahren erlassen wurden, sind auf ein Erwerbsleben zugeschnitten, in dem alleinerziehende Verkäuferinnen und andere, die unter immer schwierigeren Bedingungen zu Hause schulpflichtige Kinder versorgen, nicht mehr vorkommen. Unsere Welt ist weithin kein Biotop, in dem sich Kinder und Jugendliche willkommen fühlen und optimal entwickeln können.

Kinder und Jugendliche brauchen das Gefühl, dass die Welt auf sie wartet, dass es auf sie ankommt, dass wir von ihnen etwas fordern und dass sie sich daher, um ihre Chancen wahrzunehmen, anstrengen müssen und sich nützlich machen sollten. Ein nicht geringer Teil unserer Jugend wächst aber inzwischen in einem Umfeld auf, in dem sie offenbar weder Chancen noch Perspektiven erkennt, für die es sich anzustrengen lohnt. Und das hat mit mehr zu tun als nur mit den Problemen des Bildungssystems, es hat mit uns allen zu tun. Der große Pädagoge Hartmut von Hentig hat – gerade auch aus neurobiologischer Sicht – den Kern des Problems erkannt, wenn er »die nützliche Erfahrung, nützlich zu sein« anspricht.[151] Die Grundmotivation des Lebens ergibt sich aus dem neurobiologisch verankerten Wunsch, von anderen »gesehen« zu werden, ihre Wertschätzung und Zuneigung zu erlangen.

»Nützlich« zu sein im Sinne Hartmut von Hentigs heißt nicht, für sinnentleerte Ausbeutung oder für eine Maschinerie zur Verfügung zu stehen, in der immer mehr Menschen krank und depressiv werden. Nützlich zu sein heißt, anderen etwas zu bedeuten und durch die Beiträge, die man für die Gemeinschaft leistet, Beachtung, Aner-

151 Hartmut von Hentig: Bewährung. Von der nützlichen Erfahrung, nützlich zu sein, Hanser, München 2006.

kennung und Freude am Leben zu finden. Das – und nur das – ist es, was im Erleben eines Kindes oder Jugendlichen »Sinn« stiftet. Dieser »Sinn« wird jungen Leute aber nicht aus dem luftleeren Raum zuteil, er erreicht sie auch nicht aus abstrakten Belehrungen (zum Beispiel über Disziplin) und erst recht nicht aus zynischen Medienangeboten. »Sinn« erhalten Kinder und Jugendliche nur von konkreten Personen, mit denen sie konkrete Erfahrungen machen können, von Menschen, die sich ihnen zuwenden und die – weil sie an sie glauben – von ihnen auch etwas fordern.

Der Dreh- und Angelpunkt für Erziehung und Bildung sind die handfesten, realen Erfahrungen, die junge Leute mit handfesten, realen Personen machen. Ein lebendiges, fest gefügtes Miteinander und persönlich erlebte gute Vorbilder sind die Voraussetzung für Motivation und für die Fähigkeit, beziehungs- und gemeinschaftsfähig zu werden.[152] Sicherlich, eine Gemeinschaft erfordert, neben zahlreichen anderen Voraussetzungen, Regeln, und sie braucht – keine Frage – auch Disziplin. Doch *nur* von Disziplin kommt keine Gemeinschaft, jedenfalls keine menschliche, sondern höchstens eine von jener unmenschlichen Art, wie wir sie in den Jahren der Diktatur einmal hatten. *Vor den »Regeln der Gemeinschaft« kommt die Gemeinschaft.* Von Kindern und Jugendlichen Diszi-

---

152 Wenn Heranwachsende soziale Verbundenheit nicht in ihrer »natürlichen« Umgebung finden – bei ihren Angehörigen, im Freundeskreis, in Musikbands, beim Sport, in der Schule oder in Vereinen –, dann bleibt ihnen nur die persönliche Isolation oder der Versuch, sich Gruppen anzuschließen, die sich als Gegenentwurf zu einer von ihnen als kalt und unmenschlich erlebten Gesellschaft verstehen. Zu ihnen zählen zum Beispiel die Punk- oder die Gothic-Bewegung. Sie repräsentieren eine beachtenswerte Gegenkultur, die der etablierten Gesellschaft viele kritische Fragen zu stellen hat und für die wir uns deshalb interessieren sollten.

plin zu fordern, während ein Großteil von ihnen ohne ein hinreichenden Maß an persönlicher Förderung und ohne persönliche Gemeinschaftserfahrungen aufwächst, bedeutet, das Dach vor dem Haus bauen zu wollen. Bevor junge Leute imstande sind, dem Ruf nach Disziplin mit Verständnis zu begegnen, müssen sie hinreichend gute persönliche Erfahrungen gemacht haben, die es ihnen ermöglichen, den tiefen Sinn zu begreifen, warum und wozu Disziplin einer Gemeinschaft nützen kann.

Soziale Regeln müssen *zusammen* mit Kindern und Jugendlichen *gelebt* werden. Der Mangel, den wir zu beklagen haben, ist nicht die Erosion von Disziplin und nicht die Missachtung sozialer Regeln, sondern die Tatsache, dass es zu viele Kinder gibt, mit denen diese Regeln nicht gemeinsam gelebt wurden und werden. In einem Land, in dem man – um einer umsatzträchtigen Industrie nicht in die Quere zu kommen – zulässt, dass mehrere hunderttausend Kinder und Jugendliche, anstatt angeleitet, gefördert und gefordert zu werden, am Computer Folter und Mord »spielen«, wirkt ein »Lob der Disziplin« geradezu bizarr. Ein Dialog mit der Jugend über Werte muss damit beginnen, dass *wir* uns befragen, ob unser Land jenseits dessen, was wir funktionierende Wirtschaft nennen, überhaupt noch Werte hat. Natürlich brauchen wir eine funktionierende Wirtschaft. Gleichzeitig aber gilt: Nur ein Land, in dem »funktionierende Wirtschaft« und »menschliches Zusammenleben« mit Kindern und Jugendlichen keine auseinanderdriftenden Größen sind, wird junge Menschen für Bildung, Leistung und Werte begeistern können.

Joachim Bauer | Das kooperative Gen

Wie wir wurden, was wir sind: Die moderne Genforschung
revolutioniert unser Denken über die Evolution. Sie stellt
bislang gültige zentrale Dogmen des großen Biologen
Charles Darwin und seiner neodarwinistischen Nachfolger
in Frage. Der neue Bestseller von Joachim Bauer.

224 Seiten,
gebunden

| Hoffmann und Campe |